横田南嶺＝監修
蓮沼直應＝編

鈴木大拙一日一言

人間を深める道

致知出版社

まえがき

令和元年の夏も終わろうかという頃、致知出版社の藤尾秀昭社長から、北鎌倉にある松ヶ岡文庫を見学したいという依頼を受けた。松ヶ岡文庫は鈴木大拙の住まわれていた処《ところ》である。

その年の七月に、致知出版社から『十万人が愛した言葉』が刊行され、その中に、鈴木大拙の「一歩一歩上がれば何でもないぞ、一歩一歩努力すれば、いつの間にか高いところでも上がっている」という言葉が収められている。

解説文には「齢《よわい》九十を過ぎた大拙は松ヶ岡文庫に住んでいました。そこへ行くには百三十の石段を上る。『九十を超えて大変でしょう』という人に答えた言葉……」とある。察するに、藤尾社長はこの本を編集されて、一度大拙の上がった階段を自分も上がってみたいと思われたのであろう。

すぐさま手配をして、社長を松ヶ岡文庫に案内した。その日は台風一過《いっか》の翌日で、真夏を思わせる暑さであった。流れ落ちる汗と共に、大拙の通った階段を共に上がったのであった。私も久しぶりに松ヶ岡文庫に入り、大拙の書斎など親しく拝見して感慨深いものがあった。

そのあと、北鎌倉の料理店「鉢《はち》の木」で藤尾社長一行と会食をした。「鉢の木」社長は『致知』の愛読者でもある。藤尾社長も、松ヶ岡文庫に上がっていたく感銘を受けたようで、食事の席で、「鈴木大拙の一日一言を出そう」と提案された。私も同じく感動やまぬ中であったので、即座に了承したのであった。

ただ、そのあとしばらくして考えるようになった。大拙を広く世に知ってもらうために、致知出版社から『一日一言』が刊行されることが望ましいのは言うまでもない。

しかし、大拙の遺された書物はあまりにも厖大である。その中から、三百六十六の言葉を選ぶのは容易なことではない。加えて大拙は思想家であり、その書物は一般の読者には難解なものが多い。『一日一言』のように短い言葉を切り取って果たして意味が通じるであろうか、そんな短い言葉を選ぶことが可能であろうかと不安が大きくなっていった。

しかし、この困難な編集作業を行うに相応しい人物がすぐに思い浮かんだ。本書の編集者である蓮沼直應《はすぬまちょくよう》である。彼は筑波大学で鈴木大拙の思想を学んで博士論文を書いている。その後円覚寺僧堂に入門して、私のもとで既に五年もの修行を終えたところである。彼は『大拙全集』も実によく読み込んでいる。彼ならこの困難な作業も可能かもしれないと思った。

案ずるより産むが易《やす》しで、彼はその期待によく応えてくれた。そして、彼の編集した言葉をもとに、藤尾社長が自ら更なる編集の労を執《と》ってくださった。おかげで素晴らしい『一日一言』となった。

私は監修とは名ばかりで、思いついて人を紹介して結び合わせたのみである。

ともあれ、できあがった『一日一言』を一読して感銘を受けた。当初抱いた不安は杞憂であった。素晴らしい書物となった。

折しも、編集作業の間は、令和二年、日本のみならず世界を襲った新型コロナウイルス感染症拡大の只中であった。

世はますます混迷を深めてゆくであろうと思われる今、この世を照らす一書になることは間違いないと確信している。

大拙が終始一貫して説いたのは、無分別の世界であった。分別することは差別することにつながり、そこから善し悪し、強い弱いの差が生まれる。そこでは常に強いものが弱いものをせめて攻撃するので、苦しみはやまない。西洋の思想は、そのような分別の範疇に入ると大拙は見ていた。

比べて東洋の思想は、無分別である。自己と外の世界を区別しない。まわりのものとの関わりあいによってこそ、個は存在しうる。個が生きるためには、愛の心、大悲《だいひ》の心がなければならない。それを忘れてしまい、愛の対極である力の理論だけを説くのでは自滅の道をたどると説いたのであった。この東洋の思想を西洋の人に伝えたいというのが大拙の悲願であった。しかし、今や東洋のものにも、この無分別の愛の心、大悲の心は見失われつつあるのではないかと懸念する。今こそ大拙を学び直す時であると思う。

大拙生誕百五十年の年に、本書を上梓できるご縁に恵まれたことを心から感謝する次第である。

令和二年八月

横田　南嶺

装　幀——スタジオ・ファム
写真提供——岡村美穂子（出典：禅文化研究所
『相貌と風貌——鈴木大拙写真集』）
編集協力——柏木孝之

1月

『趙州従諗禅師語録』を読む　松ヶ岡文庫にて 1962 年

1日　大《だい》悲《ひ》

ただ自由だ、創造的だ、随処《ずいしょ》に主《しゅ》となるのだというだけでは、何にもならぬ。人間には、他の生物と違って大悲《だいひ》というものがなくてはならぬ。

『鈴木大拙全集』（以下、『全集』と表記）二十巻

2日　慈《じ》悲《ひ》の世界

一言にしていえば、愛の世界、慈悲《じひ》の世界というものがなくてはならぬ。生命の出処、生命の生育、生命の成就《じょうじゅ》は、この世界に在《あ》って始めて可能なのである。

理屈で固め、概念でこね上げ、権力で押しつけたものは、皆形骸《けいがい》の世界だけのことである、生きて行くものの心の中へは這入《はい》らない。

『全集』二十二巻

3日　利他《りた》の心

人が苦しんでいると、これを助けたいと思う、自分に好い事があると、それを人に分けてやりたいと思う、これがアルトルイズムの表現である。

仏者はこれを大慈大悲《だいじだいひ》という、つまり、慈悲《じひ》の心、人間は各自にその心でつながりあっているのである。

『全集』二十二巻

※アルトルイズム……利他主義。

4日　大慈悲《だいじひ》

仏心とは大慈悲是《だいじひこれ》なりである。

『東洋的な見方』

5日 威厳《いげん》・品位・神聖さ

人間はただ集団の一人であるばかりでなく、一個の人格として霊性的生活をなすものです。自由も責任もこれから出て来るのです。

そうしてこの自由と責任と霊性的価値との故《ゆえ》に、人間は人間として、その威厳《いげん》、その品位、その神聖ささえも持って居るのです。

『全集』八巻

6日 苦しみがあるからこそ

苦しみ悩み憂えることの可能は人間にのみ許されたるところです。そうしてこれあるが故に、人間はその威厳《いげん》を保って行けるのです。これは人間に自由があるからです。

『全集』八巻

7日　東洋の考え方

東洋の人は、すべて何ごとを考えるにしても、生活そのものから、離れぬようにしている。生活そのものに、直接にあまり役立たぬ物事には、大した関心をもたぬのである。そうして、その生活というのは、いわゆる生活の物質的向上ではなくて、霊性的方面の向上である。

『東洋的な見方』

8日　床《とこ》の間《ま》の意義

床《とこ》の間《ま》にかけるものは、何かの意味において、それを見る人々の霊性的向上に資《し》すべきでなくてはならぬのである。床の間は一種霊性的向上の場所なのである。ただ美の鑑賞場ではないのである。『東洋的な見方』

9日 人間の成長

科学の進歩という点から見ると、今まで、百年、二百年で出来たことが、一年、二年の間に出来上がってしまって、時間は益々《ますます》短縮されています。

だが人間は、育つのにどうしても、十年、二十年とかかる。人間の速成法《そくせい》はまだやっていないから、五十、六十にならんとほんとうの人間にならん。

『全集』二十二巻

10日 求めるもの

求めるものがはっきりすれば、それが未だ手に入らないでも、そんなに悩むことはない、手段をつくせば何とかしてものになるであろう。ただ、求めの対象が何ともわからないで、而《しか》も何だか向こうに在るとすると、これほど気にかかることはない。

『全集』二十二巻

11日　或《あ》る確かな自覚

禅の要求するのは、我々が生きて行く上において、或《あ》る確かな自覚（awareness）の経験をもつということである。この自覚が我々人間を他の形の生物から質的に違ったものとするのである。

そしてこの自覚にこそ、我々が千差万別であるにもかかわらず、平和の究竟の住処《すみか》を見出すのである。

『全集』十二巻

12日　個人の尊厳

個人の尊厳は、人間に霊性的自覚の可能性があるところから始まる。この自覚は人間以外の存在にはない。

『全集』九巻

13日 人生の意義

人生の意義は、なにが人間性の尊厳をなすか、何が彼を独尊たらしめるか、を見いだすことに存する。

『鈴木大拙坐談集』（以下、『坐談集』と表記）五巻

14日 全力の努力

われわれ人間は、どん欲、憎しみ、無知などの弱点をもっているが、それにしても、われわれの生命を軽々《けいけい》に捨てるべきではないと信じている。

われわれに道徳的、精神的になんらかの価値があるとすれば、全力を傾けて生命の保存をはかるべきである。すべて人間の尊厳を発揮するものに対して、われわれの努力が払われなくてはならない。

『坐談集』五巻

15日 行為と思想

人間は行為する存在である。而して其の行為をして行為たらしむるところのものは、実に思想である。言挙《ことあ》げなきところに行為はない、道徳も宗教もない。『浄土系思想論』

16日 人間の本能

人間ほど妙な動物はあるまい、自分で何かこしらえて、そのこしらえたもので、自ら悩まされて居る。始めから何もせなければよいのだが、どうも本能とやらが承知しないので、何やら作り出す。『全集』十九巻

17日 宗教への目覚め

学校をやめた頃から、なんとなく人生に疑いを抱き、草木は無心に成長し花を開いて自足しているのに、人の生活はなぜそのようにならないのであろうか？　こんな考えが起こってきたのが、宗教に入る第一歩であった。

『鈴木大拙の原風景』

18日 不公平をつきやぶる

家の不幸、これが第一だ。わしは人生にはなぜこんなに不公平があるのかと考えた。また、人生には困ったことがたくさんあるものだとも思った。子どものときには、母親の感化もあって、〝あきらめる〟ということをだいぶ考えたぞ。（中略）

不公平をつきやぶりたいとも思った。

＊仏教に入った動機を尋ねられて。

『鈴木大拙随聞記』

19日 人間の生甲斐《いきがい》

人間の生活には苦しむということがなくてはならぬ、自らが主人公になって、これを捨ててかれを択《えら》ぶということが可能でなくてはならぬ。択ぶことは必ずしも楽ではない。決断の可能は健全な知性と勇気とを必要とする。ここに人間としての生甲斐《いきがい》があるのだ。

人生を価値づけるものは実に自ら主となるところにのみ見出されるのである。

『全集』九巻

20日 大死一番

人間は自分に本来持っている力の全部を意識しない。意識面では、自分を自分で限っている。自分に十あるものをせいぜい八、九分までに限ってしまう。そうして最後のものをなかなかに出さない。出したと思っていても、それは意識の上のことで、その意識を超えたところ、あるいはその奥にひそんでいるものには、触れていない。

この人間の心の奥の奥にあるものを引き出すには、いわゆる「大死一番」なるものを、必要とする。

『全集』二十巻

21日 隣を考えて隣を考えない

わしは、隣というものを考えて、そして隣というものを考えないのだ。隣というものを考えると、もうへだたりができる。隣と自分とは一つであるということを見なければならない。隣といえば、もう自分が隣になっている。隣といったら一つの線ができる。

『坐談集』一巻

22日 お互いの共通点

お互いに自分を知り、他を知る。その間に共通のものを見て、そしてその共通の点から生活を割り出していくというところに、人間の社会性の根本がある。『坐談集』一巻

23日 ほんとうの統一

西洋の人は出ているものをいちいちもってきて、それから統一するということになる。仏教ではさきにチャンと統一がある。実はそれを統一と呼んでもすでにいかんだろう。

仏教ではいろいろなものに統一を与えるということではなくて、いろいろなものがみな初めからはいっているもとのところをつかまえる。これとこれとプラスしていって、しまいになんとかなるというのが西洋流の学問だ。そういう統一じゃ、けっしてほんとうの統一にならん。

『坐談集』二巻

24日 ほんとうの祈り

こういう願をかけたらその願が叶う、どうぞ叶えてくれというのはほんとうの祈りでない。こういうのは宗教的の祈りではなくて、ただ世間の商売、取り引きというてよい。

ほんとうの祈りというものは、叶うても、叶わんでも、むしろ叶わんということを知りつつ、祈らずにおられんから祈るというのがほんとうの祈りで、祈るから叶うという、相手に、目的をおいて祈るのではほんとうの祈りではない。

『坐談集』三巻

25日 精神的不満

一体我々の精神的不満というものは、この主観の内外界に対する態度が一定せぬ間は、どうしても止まないものなのである。そして其処《そこ》に我々は心の悶《もだ》えを感じて安心せぬ、落ち着かぬ、等々の心持ちを感ずるのである。

しかしながらこの主観が内外界に対して一定の態度を採るに至るまでの道筋としての精神的不満・煩悶《はんもん》は、人間にして初めて可能なる事柄なのでもある。『全集』十四巻

26日 人生は苦

哲学者や宗教家が何というとも、人生は苦に相違《そうい》ないのである。事実をいえば、この苦あるがために、哲学も生まれ、宗教も出来るのである。（中略）

この苦観は必ずしも厭世《えんせい》の義にはならぬ。（中略）厭世は消極的で、奮闘は積極的である、苦なるが故に厭うべしともいえば、苦なるが故に闘うべし、努むべしともいい得る。厭うと闘うとはその人々の主観であるけれども、苦しいということは、誰にもある事実である。『全集』十九巻

※厭世……世を厭う。　義……意味。

27日 年寄の特権

年を取るとどういう点がよいかというと、今までの年の流れを一瞥《いちべつ》することができる、つまり総括的に人生を見ることができる。

それが年寄の特権であるといえば特権である。

『全集』十巻

28日 未来を考える

特別に健康のことを考えて暮らすわけではないが、わしは過去のことは考えんな。いつも未来のことを考えておる。あれをしなくてはならぬ、これをしなくてはならぬとな。

『鈴木大拙随聞記』

29日 禅を生きる

禅は生きることであり、禅は生活である。生きることが禅なのだ。つまり、われわれは禅によって生きているのでなくて、禅そのものを生きているのだ。

『禅による生活』

30日 禅の自由

禅は如何《いか》なる観念にも束縛されることはない、鳥の飛ぶ如《ごと》く、魚の泳ぐ如く、百合《ゆり》の匂う如く、自由なのである。

『禅による生活』

31日　人間の真実

人間の真実は真裸になって始めて見え出すのです。

『全集』八巻

2月

しおりを作る　1962年

1日　お蔭《かげ》さま

あの「お蔭《かげ》さま」ということは、よっぽど有り難い。私は、みんな、あなたらのお蔭で生きておるわけだが、それから、連帯責任というか、ある意味では、世界に悪いことがあれば、みんな私の罪になる、我一人の罪というような感じが出て来る、そのもとがお蔭さまですね。

『全集』六巻

2日　もったいない

あの「もったいない」というのは、どういう字を書くのか知らぬが、もったいないということは、自分がそれに価《あたい》しないということ、人から情けをかけてもらうに価するものを自分に持っていないというような気持ちですね。やっぱり、人のお蔭でこうしておる。それだけの値打ちはない人間だが、こうしておるんですね。

『全集』六巻

3日 本当の宝

禅では、何でも外から這入《はい》るものは、内の宝にならないのである。
この宝はどうしても心の中から涌《わ》いて出なくてはならぬ。

『禅問答と悟り』

4日 頼るもののないところを頼る

何か頼り得べしと考えるところのものを頼ろうとしている限りは、吾等の心はいつも不安の状態に置かれる。
頼るもののないところに頼ることが出来れば、そこに初めて安心ということになる。

『禅問答と悟り』

5日 自分でないもの

吾々が存在している、個人個人として一つの個体として存在しているといえば、もう既に自分でないものを、ほかを見なければならない。自分だけが生きておるということは到底いわれない。

自分が入っておれば自分でないものもほかに入って来る。自分が生きておることは自分でないものを生かして行くことにほかならない。

『全集』十巻

6日 自我を認めるために

人と己はどうしても別でない。己のものの中に他のものが入っている。自我だけを肯定することは到底できないことで、人の存在を認めてはじめて自我を肯定することができる。

自我を肯定する、わがままをすることは、自らを殺すことになる。

『全集』十巻

7日　仏教とは実際の生活

仏教とは仏の口から出た、その智慧を土台にした教えだけが仏教ではなくして、仏の修行の体験というものを入れて居る実際の生活そのものと見て行かなければならぬ。

『禅とは何か』

8日　疑うところに信がある

肯定するということ、信ずるということがなかったら、疑いは出て来ぬ。救われるかと疑うところに信がある訳だ。信があるから疑えるのだ。只々疑いに捉えられてはならぬことだ。

『全集』十巻

9日 今、ここで

今、ここでしておかなければならぬことがあるのだ。この時を逃がすっちゅうと、千年さきに咲く花も咲けないではないか。

『大拙の風景 ―鈴木大拙とは誰か―』

10日 すべての出発点

自ら主となり、自らに由り、自らに在り、自ら考え、自ら批評することを学ばなくてはならぬ。すべてはこれから出発するのである。

『全集』九巻

11日　主人公になる

　使われるというところに奴隷性が出てくるですね。客観的事実上に使われるのであっても、使われるように見えておっても、主体的には、自分が働いて、自分が芯《しん》になって、自分を使っていくときには、なにも使われておるということはないのです。
　人に命令せられて、こうするんだというような気分を持っておるのと、そうでなく自分が進んで、自分で自分がこれをやるべきだ、こうしなけりゃならぬのだということになれば、自分が主人公になってやることになる。

『鈴木大拙随聞記』

12日　自らを重んずる

　人間尊重は、実際、人間自重から始まるのです。人は自重するということから、人間尊重になるのです。
　人間尊敬、人間尊重ということは、なにも、むやみに他を尊重するんじゃなくして、自分がまず自らを重んずるということから進み出さなけりゃならぬと、こういうように自分は考えますね。

『全集』二十巻

13日 愛と力 ①

愛は肯定である。創造的肯定である。愛はけっして破壊と絶滅には赴《おもむ》かない。なぜならば、それは力とは異なって、一切を抱《ほう》擁《よう》し、一切を許すからである。

愛はその対象の中に入り、それと一つになる。しかるに、力は、その特質として二元的、差別的であるから、自己に相対するものをことごとく粉砕し、しからずんば、征服して奴隷的従属物と化さねばやまぬ。

『禅』

14日 愛と力 ②

力はつねに尊大で、独断的で、排他的である。それに反して、愛はおのれを低うし、一切を包括《ほうかつ》する。力は破壊を意味し、自己破壊をさえあえてする。愛の創造性とはまったく反対である。

愛は、死に、そしてふたたび生きる。しかるに力は殺し、そして殺される。

『禅』

15日 愧《はじ》を知る ①

動物には固《もと》より霊性的自覚は不可能である。天人――もしありとすると、彼等――は霊性そのままで生きて居る。一極に動物的本能があり、他の一極に霊性的本能ともいうべきものがあり、人間はその中間地帯の存在である。人間は霊性的本能が絶えず動物的本能の上に働きかけて居るが、霊性的自覚のまだない人々には、これに対する意識がない。愧《はじ》を知るときに始めて霊性の働きかけの一面に気が付く。

『全集』九巻

16日 愧《はじ》を知る ②

愧《はじ》を知るという句は随分強いが、倫理的には責任を負うということである。責任は軽く、知愧は重いといえば、そうもいわれるが、この重いと感ぜられるところに、知愧には責任以上のものが含まれて居ると見られる。

『全集』九巻

17日　無明《むみょう》に気が付く

吾々が今日自己の周囲のあらゆる面で目撃している、この殆《ほとん》ど絶望ともいうべき事態から、如何《いか》にしたら立ち上がることが出来るか。最も簡単な方法は、吾々が自己の無明《むみょう》に気が付くと共に、それによって業の足枷《あしかせ》を打ち破ることである。『一禅者の思索』

※無明……真実の世界に対する根本的な無知をいう。正しい智慧によって無知を照らすことで、業への囚われから解放される。

18日　人を動かす力

至人というのは、その人のすべての行動が人格から出るときに、しかいわれるのである。凡人でも或る機会にひょっと人格的行動することもある。その瞬間だけその人は少時の至人性を帯びて来る。傍人を動かす力というものはこんなところから出るのである。所謂《いわゆる》えらい人でもそうでなくても、何か人を動かすということがあれば、その力は必ず人格から出る。

『全集』十九巻

19日 苦しめば苦しむほど①

人生は、どう論じようとも、結局苦しい闘争である。（中略）

だが、苦しめば苦しむほど、あなたの人格は深くなり、そして、人格の深まりとともに、あなたはより深く人生の秘密を読みとるようになる。

『禅』

20日 苦しめば苦しむほど②

すべて偉大な芸術家、偉大な宗教的指導者、偉大な社会改革者たちは、峻烈《しゅんれつ》この上ない戦いから生まれた。かれらはその戦いを勇敢に、そしてきわめてしばしば、血と涙とをもって、戦い抜いたのである。

悲しみのパンを口にすることなくしては、あなたは真実の人生を味わうことはできない。

『禅』

21日 人間性の喪失

すべての現代人の心につきまとっている苦悩の中で、最も大きなものの一つは、殆《ほとん》どすべての人が喪失してしまっている人間性を如何《いか》にして回復するか、ということである。今や人類は、自由と創造性とを失い、科学とテクノロジーがつくり上げた一つの巨大な機械の一部分となりつつある。

すでに人類は、人類本来の姿を失ってしまっているのである。最もおそるべきことは、人類が右に述べたような事情を理解せず、如何にも落ち着き払って（中略）すべての事柄を推し進めているということである。

『全集』二十一巻

22日 二元論による思想的混乱

今日世界における思想的混乱の一大原因は、物と心とを分ける二元論である。唯物《ゆいぶつ》論でも、唯心《ゆいしん》論でも、精神主義でも、機械・技術万能主義でも、科学的世界観でも、歴史的現実主義でも、悉《ことごと》く二元論の上に立っているのである。

『全集』二十二巻

23日 教育で壊れる

禅者の言葉に「教壊《きょうえ》」というのがある。これは、教育で却って人間が損われるの義である。

物知り顔になって、その実、内面の空虚なものの多く出るのは、誠に教育の弊であると謂《い》わなくてはならぬ。

『全集』十巻

24日 教師

教師は常に誠をもって接するしかない。つまり、不欺《ふき》の力だ。あざむかざるの心だ。

『思い出の小箱から―鈴木大拙のこと―』

25日 与えられたものを受け入れる

自分は生まれようといって、生まれたのではない。親が生んだのである。その親も自分で生まれようとして生まれたのでない。いくら系統をさぐっても、自由意志などいうので生まれ出たものは一人もないのである。みな与えられたものを受け入れるだけである。

次に、生まれ出る処と時とが、それも、既与の世界で、自分の自由から来たものでない。

『東洋的な見方』

26日 ここに生まれ出た意味

自分は日本人に生まれようと思って生まれたわけでなし、明治何年に生まれようとして生まれたわけでもない。ただ、ここに生まれ出たのには何か意味があるのじゃないか。

その意味とは何かというと、自分がこうしなければならぬと思うものをやることだと思う。

わしは日本の使命はどういうものかわからんけれども、自分としては、こうすべきだと思うことを、成績があがろうがあがるまいが努力するよりしかたがない。

『坐談集』二巻

27日 矛盾こそ人生

人間の世界と言ってもよし、人間の性質と言っても何と言ってもよいのですが、どうも矛盾があるのでございますな。（中略）

この衝突というか、矛盾というか、こういう事が即ち人生なんだ。

人生とか人間性というものが矛盾しているというよりも、矛盾その事が人間性であるのだ、人間界であるのだ、（中略）矛盾その事がこの世の姿であると、こういう事を考えておくというと、却って気安いような事は無いか知らんと思うのでございます。

『一禅者の思索』

28日 生は事実

生は事実である。如何なる説明も、必要でもなければ相応しくもない。説明は弁護である。生きることに何の弁護が要ろうか。生きる、それで十分ではないか。生きようではないか。肯定しようではないか。

『禅学への道』

29日 地に足を着ける

如何なる哲学を以てしても、如何に偉大で力強い観念を以てしても、我々はあるがままの生を脱することはできぬ。星を仰ぐ人も、その足はやっぱり大地に着いているのだ。

『禅学への道』

3月

松ヶ岡文庫にて　1964年

1日 大慈悲心《だいじひ》

菩提心《ぼだいしん》は大慈悲心《だいじひ》から生ずる。大慈悲心は、もしそれがなかったとしたら、仏教そのものがまた全くないものになる程の大事なものである。このように大慈悲心を強調するのが大乗《だいじょう》仏教の特色で、大乗仏教の諸教義の全景《パノラマ》の展開はこの大慈悲心を枢軸《すうじく》として回転するものといえよう。

『全集』五巻

2日 願

願ということになって、それがどう働くかというと、たとえば此処《ここ》に自分の願、どうかしてやりたいという、この願が相手の心の上に加わって来て、そして相手の心が悪に固まって居る中に、一つでも善い心が起きるような、その可能性を与えるということになる。

『禅』

3日　祈り①

自分の周囲に打ちひろげられる日々の惨《さん》憺《たん》たる光景を見せつけられたり聞かされたりすると、何としてもじっとしてはいられないのが人間である。

それは彼らの自業自得だといってすましていられない。それかといって、自分の力では何とも仕方がない、人間の力だけでは手の出しようもない。この時に心の底から涌《わ》いて出るのが祈りである。　『仏教の大意』

4日　祈り②

祈りということは何にもならぬことだ、「祈らずとても神やまもらむ」という和歌もあるから、祈ることは下らぬことだというけれども、しかし人にはどうしても祈らずには居れない心持ちがある。

人の情けないのを見てはただその儘《まま》では居れない、どうかして救《たす》けてやりたい、どうしても救けてやらなければ、気が済まぬという、我々の心持ちがある。　『禅』

5日　回《え》向《こう》

どうかして善くなれと祈れば、其処《そこ》から方便というものが湧《わ》いて来て、そしてその思いが他のものに移ることが出来ると、私は宗教的にいえると思う。それを回向《えこう》というのである。

『禅』

6日　人間の責任

われらすべての人間の責任は、衆生済《しゅじょうさい》度《ど》の還相回向《げんそうえこう》面にあることを忘れてはならぬ。

『全集』二十巻

※還相回向……阿弥陀仏に救われ浄土へ往生した衆生が再び戻って来て他の衆生を救うこと。

7日 素晴らしいはたらき

人間のもつ根本的妙徳というは、霊性的自覚において始めて認識せられる。

『全集』九巻

8日 自由の出どころ

創造的自由の神は個己の霊性の中から生まれ出るものである。

『全集』九巻

9日 苦は人間の特典

人間は苦しむようにできていて、その苦の故に苦を脱離するとも克服するともいえるのですから、苦を避けるのは人間らしくないということになります。

苦しみ能《あた》うということが人間の特典であるとすれば、十分にこれを味わって行くべきものと思います。

これができぬとなると、人間は自分の特権を棄《す》てるということになります。

『仏教の大意』

10日 苦の中へはいる

動物にはそういう苦しみの世界はないわけだ。人間はそれを苦しみと感じるからね。そこが困るんだ。（中略）

困るときには、ただ困るだけでなく、なんとかするんだね。あとは天にまかす、「人事を尽くして天命を待つ」だね。

天命を待つというあれを、あきらめるといってはいけない。あきらめでは一種の現実逃避になってしまうのだ。

そうじゃないのだ、その中へはいってしまうんだ。

『坐談集』二巻

11日 他の考えを入れない

もし諸君が何かで苦しみに悩まねばならぬというなら、その苦しみを苦しめばよいのである。苦しみつつ、その間に他の考えを入れぬことである。

又《また》嬉しい時には喜ぶより外ないのである。そして喜びつつ、その間に他の考えを入れぬのである。

『一禅者の思索』

12日 禅の示すもの

我々を教えるのは、我々自身である。禅はその途を示すに止まる。

『禅学への道』

13日 存在の理由に徹底する

攫《つか》むものを攫《つか》んでおけば、その外は何でもかまわぬ、何も恐るるに及ばぬ。一たび存在の理由に徹底した目さえあれば、何でも諸君の勝手に信ずるがよい。しかしそこには自ら何を信ずべきかがわかって来るものであることは言を待たぬ。そして真理は自らその中に現れて来よう。真理の在るところは即《すなわ》ち生命の在るところである。

『一禅者の思索』

14日 人間の人間たる所以《ゆえん》

自分にいわせると、吾が存在の理由に気がつくということは、人間の人間たる所以《ゆえん》であると思うのである。

犬も猫も馬も猿も、人間の如《ごと》く亦《また》これ一個の存在ではあるが、そのリーズンに自覚しておらぬ。

『一禅者の思索』

15日 中心なき人

大抵の人は中心をもっておらぬ、それで外来のものに終始動かされておる。「あれが欲しい、これが欲しい」、「名が欲しい」、「金が、位が欲しい」というて、いつもその欲しいものに着いてまわっておる。それ故、他人が羨ましく妬《ねた》ましくて仕様がない。自分の心の中にいつも動揺を感ずる。荒波の上の船のようである。

人を羨むは、小人の心である、中心なき人の感情である。

『一禅者の思索』

16日 名誉と利益

名も利も固《もと》より結構である、これで以て社会の秩序をきめて行くことも出来るから。しかしこれが人生のすべてとは思われぬ。

この二つのものは、人生の偶然で、必ずしもこれがなければならぬという訳でない、あってもなくてもよい、人生の価値はこの二つの上に出ておる。しかし出ておるということを知るには、吾が存在の理由に徹底せねばならぬ。

『一禅者の思索』

17日　人間の悲劇 ①

動物は生そのものを生死して、終いに生を知らぬ、随って生死に繋縛せられぬ。唯々人間のみが生死の囚になり、唯々人間のみが生そのもの――即ち不生――を楽しむことが許されて居る。動物には悲劇がない。

『全集』十九巻

18日　人間の悲劇 ②

悲劇に居て悲劇を知らぬのが動物、そこに動物性の一面に「仏性」がある。「知らぬが仏」というところに一分の真理を見る。

「知らぬ仏」よりも「知る仏」になるのが人間である。

『全集』十九巻

19日 人間の悲劇 ③

悲劇は永遠につづく、従って弥陀《みだ》の本願、菩薩《ぼさつ》の悲願も、また永遠に悠久なものである。

『全集』十九巻

20日 人間の業《ごう》

人間は、思うたより余計に、本能的心理というものによりて動作して居るかの如く見える。これが業《ごう》である。而《しこう》して自分等は、皆論理的に行動して居るのだと考えて居る。これも業である。

『全集』十九巻

21日 人間の完成

人間が人間である限り、人間が人間たらんと意欲する心のある限り、極楽は人間の住処でない、人間が一度はエデンを出なければならない。何でも意のままになるところ、朝から晩まで、迦陵頻伽《かりょうびんが》（極楽に住むといわれる声の美しい鳥）の声ばかり聞かされるところでは、人間らしい生活は不可能である。

人間は極楽ではいずれも馬鹿とならなくてはならぬ。善悪の差別のつかぬエデンでは、人間は動物か植物か無機物かでなくてはならぬ。人間らしく、「これは善、これは不善」と甄別《けんべつ》のつかぬ限り、人間はまだ完成していないといわなくてはならぬ。

人間はエデンから一度は「ほうり出されねばならぬ」のである。

『全集』二十巻

22日　花を捧げる

誰の心に初めて咲き出したのか知らぬが、仏に花を捧げるということは、美《うる》わしい心である。

『全集』十九巻

23日　花は咲き人は生まれる

花の咲くのは科学で咲くのでない、人間の生まれるのは国民経済で生まれるのでない、咲いてから、科学は何かと詮索をやる、人間が生まれてから、国家とか経済とか軍備とか何とか言う。生まれぬさき、咲かぬさきになると、科学も国家も手が届かぬ。これはどうしても宗教に預けておかなくてはならぬ。

『全集』二十二巻

24日 力の原理

元来、力は二つのものが対抗するときに出て来るものです。何か対抗するものがないと、力が又《また》発揮せられぬのであるが、この力の中からは、どうしても宗教は出て来ない、信仰というもの、大悲《だいひ》というものは出て来ないのです。

『全集』八巻

25日 無限の力

力は自らの中に自らを支えて行くものをもたぬ。力はいつも物に打ち克《か》たんとする、それ故にいつも自ら亡《ほろ》ぶべき運命を担って居る。

力が無限になり得る場合は悲願で支えられて居るときだけである。

『全集』九巻

26日 一本のねじ

一本のねじでも、ゆるんでいれば禍災はそこから出て来る。全面の失敗は必然の結果でなければならぬ。地球を空中から一めぐりするという飛行機にしても、乗る人と乗って飛ぶ機械と、おのおのその細部にわたりて、それぞれ綿密な工夫が凝らされていなくてはならぬ。一分のごまかしをも許さぬのである。

『全集』二十巻

27日 現代の思想に欠けるもの

仏教のほうでは未来をみるよりも過去をみている点が強いな。追善にしても、追善供養はよいことだと思う。昔のことをありがたがって、こうしておるのも昔の人がやってくれたのだ。そいつが現代の思想に欠けておる、こう思うな。私らが鉛筆を使うにしても、紙一枚使うにしても、紙をこしらえた人がどのくらいありがたいかしれない。鉛筆、墨、筆という便利な……。だれがやったかわからんけれども、それに対する感謝があってよいと思う。

『坐談集』三巻

28日　西田幾多郎

彼は必ずしもいつも儂《わし》の意見を批判するでもなく、受け入れるでもなく、反撃してくるでもなく、「うん、うん」と言うにすぎぬ事も、いくらもある。それでもこちらでは話したという事それ自体に満足を覚える。他人が相手してくれては必ずしもそういうことにならぬ。妙なものだ。

『全集』三十三巻

29日　知性以上のもの

人間実際の生活は、この知性で大抵始末をつけられると言ってよい。而《しこう》して多数の人達はこれ以上に踏み込もうとしないのが常である。彼等は所謂《いわゆる》道徳や法律や経済や政治なるもので満足している。人生はそれが一切であって、その外に何かの世界を見んとするのは余計なことだと考える。ところが、この「余計」と言われる方面に出てみなければ、どうしても承知のできぬ人がまた決して少なからぬのである。

『浄土系思想論』

30日　不善《ふぜん》をなす

家の中に居るというと、「小人閑居《しょうじんかんきょ》して不善《ふぜん》をなす」というが、不善をなすというのが人間の本来の面目かもしれないのですね。人の前に出るとちゃんと仮面をかぶって、自分でないように、自分を見せないようにするのですね。そうして、そう見られたなと思うと、だいぶ得意になって、そういうときは、家に帰っても割合に悪いこともしないですね。それはそれで結構だと思うのです。

『全集』二十巻

31日　濁世《じょくせ》の中にも清浄がある

徹底した濁世《じょくせ》ならば濁世という考えも出ない、まして清浄世界をやである。濁世というちにも、清浄なところがあるから清濁の対比が成り立つ。

『全集』十一巻

4月

E. フロムとクエルナヴァカ フロム宅にて
1957年

1日 誠

春になって花の咲くのは桜の誠である。魚の淵に躍《おど》るは魚の、鳶《とび》飛んで天に戻るは鳶の、誠である。

『全集』九巻

2日 何故生きるのか

他人のために生きているのでなくて、自らの存在の意義を完《まっと》うするために生きているのです。

『全集』八巻

3日　人間らしくなるために

力だけでは人間は人間らしくならない。人間を人間らしくするものは、個々の人間が各自に本来具有底の自由と威厳と人格的価値とを向上せしむることに外ならぬのである。

『全集』九巻

※本来具有底……もともと具《そな》えもっている～。

4日　固いものを持たない

力《か》は元来動いて已《や》まぬのがその性格であるから、向こうに突き当たるものをおいてはならぬ。またこちらにも突き当たるような固いものを持って居てはならぬ。両方とも固いと屹度《きっと》撃突が生ずる。人間的には悲惨事となって来る。

『全集』九巻

5日 教育の目的

教育の目的は物事の知識を増進するのみでなくて之を増進させる根本力をも養うに在る。やさしく知識を獲得するということは、お粥ばっかりを食べておると同じことで、歯の根が固まらず、顎骨が発達せず、胃袋の抵抗力が弱くなる。

やさしく覚えらるることをわざわざ六箇《むつか》敷《し》くして覚える必要もないようであるが、この六箇敷きに打ち克《か》たんとする意志の教育が、この時は、知識の収得よりも大事になるのである。

『全集』十六巻

6日 教育者の義務

教育者の義務は、その生徒の持つ最も貴重なものを育て上げるために、あらゆる機会を与えることだ。真に人格の価値を組成するのは是である。

『禅と日本文化』

7日　自主的であるとは①

自主的とは、物事の見方考え方において、徒《いたず》らに他の宣伝にのらぬことである。他の煽動《せんどう》に附和《ふわ》しないことである、糸を切られた風船玉のようにふらふらせぬことである。

『全集』九巻

8日　自主的であるとは②

自主性は一種道徳的立場である。自己の責任において物事を考えることである、その考えの結果によって行動することである。

『全集』九巻

9日 胆力

今の教育はさきばかりを見せるようにして、その見たところを行うだけの準備がない。昔の人から見れば今の人は余程《よほど》利巧《りこう》である、それはいうまでもない。しかし仕事をする胆力は今の人の方がよわいように見ゆる。

『全集』十六巻

10日 仏陀の主張

仏陀は、徹底した個人体験の主張者であった。かれは弟子たちに、権威や長老者にただ憑依《ひょうい》することなく、それぞれの個人的体験を重んぜよと、力をこめて説いた。自分自身の解脱のために、めいめい力のかぎりを尽くすよう教えたのである。(中略)

結局は、人は喉《のど》が渇いた時には、みずからの手でコップを傾けなければならない。(中略)「悟り」は、めいめいが自分で体験しなければならない。

『禅』

11日　生の原理

死んだものの骨の上に新たなものを造らねばならぬ。いつまでも逝けるを悲しむは、生きて行く道ではない。

腐ったものを肥料にして草花の美しいのが咲き出る、何といっても、これが生の真相であり、生の原理である。

『全集』七巻

12日　個己から超個己へ

われらはいずれも借金を背負って居る。そしてそれはいつか払われなければならぬのである。借金とはこの存在――個己――そのものである。それでこの存在はいつかその底に徹して覆滅《ふくめつ》させなくてはならぬ。すなわち、われらはいつか個己から超個己への飛躍を成しとげなくてはならぬのである。これが往相《おうそう》回向である。それがすむと還相《げんそう》回向である。が、往生がすんで還相があるというのでなくて、往生がすなわち還相で、その間に回互《えご》的連関がある。

『日本的霊性』

13日 禅のやり方

人間は数字というものをこしらえて、それで物を考えるようにしてゆこうとするが、なるほど、ある限られた範囲では誠に結構で、物事が次から次へと処理せられてゆくのであるが、しかし、それがためにかえってわからせなければならぬところが遮蔽《しゃへい》せられてしまう傾きがある。

禅のやり方では、それ故に、どうしても一般人のわれらの考え方というものを逆にして見なければならぬことになるのである。逆にするというは、平常の肯定底を、とにかく、まず否定するという意味である。それで禅録を読むと、一般分別の世界に棲んでいるわれらにとっては、いかにも破天荒《はてんこう》な言い現し方が絶えず出て来るのである。

『日本的霊性』

14日　禅の言葉

禅匠たちにとって、言語は、かれらの内なる霊性経験から直接に出てくる一種の叫び、あるいは歎声である。

『禅』

15日　生命は論理にまさる

生命を実際に生きるところには、論理はない。生命は論理にまさるからである。

『禅』

16日 何の権利あり

われ果たして、何の徳あり、何の権利あり、何の理由ありて、天地のものを私し得るとせんか、また何等の厚顔を以て他人の労によりてこの身を支えんとするか。

われのこの世に来るや、徒手にして来れり、わがものとして所有し得るは一もこれあらず。但々われこれを用いて、世を益し、人を利するを得る時のみ、そのものしばらくわが所有の如く見ゆ。

『禅の第一義』

17日 徳を私有せず

釈尊は天成の徳を有せり、而《しこう》してこの徳は彼の私有にあらず。天は彼のこれを用いてこの世を益せんことを欲す、彼の徳は即ち天の徳なり、彼のこれを完うするはその天と人とに背かざるを欲するなり。徳すら既に私すべからず、まして富においてをや、智力においてをや。

智ありといいて自ら高ぶり、富めりといいて自ら驕らば、その智、その富は、早晩その人の手を離れて、他に移るは必定なり。

『禅の第一義』

18日 わが力の使い道

故にわれらは、一日と雖《いえど》も、わが力を私用すべきにあらず、「衆生無辺誓願度《しゅじょうむへんせいがんど》」の旨をつつしみて、その力を彼に回向《えこう》し、此《こ》処《こ》に始めて成仏の端をにぎるを得べし。

『禅の第一義』

19日 責任を持つ

自主自律の獲得に最も必要なことは、自己の行為に対して責任を持つことである。

『全集』二十一巻

20日 触れる

触れるということは、その物に親しむことである、即ちその物のすべてか又《また》はその一部かを自分のものにすることである、又それと同時に自分のものを他に伝えることである。

人間は手を通して自己と他己との相即相入的関係に這入《はい》るといってよい。

『全集』二十一巻

21日 自分が広大な社会を含む

人間というものは、自分だけが良いという訳でなくして、自分ということは、すでにそこに他というものを認めて居るのである。自分だけの考えというものはない。自分という時には、そこに他というものが含まれて居る。社会というものが含まれて居る。この仏教でいう社会というのは、人間だけでなく、動物でも、植物でも、無情・有情といってよい、皆一切を取り込むところの、その宏大無辺な社会である。

『禅とは何か』

22日 外来のものを生かす

西洋のものを取り入れるということは、西洋の真似をするということじゃない。今まで西洋の持って居たものを益々《ますます》生かすということでなくてはならぬ。

そう意識して来るというと、今まで我等祖先が意識しないで持って来たところのものを、今度ははっきり意識して使うということになる。そこに我等の本当に人間としての働きが出て来ると思う。『全集』十六巻

23日 柔軟心をもつ

我等には「我《が》」という硬いものが、いつも心の中に座を占めて居るから、何か向こうから来るものがあると、それを容れることが出来ないのです。どうしてもそれを「我」の力で突き返すのです。これを衝突とも矛盾とも申します。これに反して、柔軟心ということになりますと、向こうから来たものがその中に吸い取られてしまう。

『全集』十六巻

24日 便利さの裏側

家庭内や社会の生活も機械化の一途をたどるようになりました。何もかも「便利だ」ということになりました。が、それがため人間はどれほど幸福になり霊性化して来たであろうか。自然は次第に荒しつづけられるが、人間の心は次第にどれほど光明あるものになったであろうか。第一次及び第二次の世界戦争は、何《いず》れも科学技術の発展と自然征服の観念と人間生活の非霊性化とに基因するものです。

『全集』八巻

25日 同じものの中に居る

人間というものは、一体、同じものの中に居ると、その中でも違いをお互いに強調する。そうして根本のものを却って忘れてしまう傾向がある。

『全集』二十二巻

26日 自由ならぬ人

わがまま放題にするということは、かえって自分が主にならないで、実は何かの枠に、はめられる、我というものの奴隷になっておるのです。

だから、わがまま放題にするというと、人はいかにも自由なように思うけれども、その実は、何か他のものにあやつられてあっちに動き、こっちに動きしているのであって、はなはだ自由ならぬ人と言うてよいと思います。（中略）

わがままをやればやるほど、ものに使われて奴隷になっているんである。

『全集』二十巻

27日 やることと一つになる

人間がこれはやるべきものである、これをやるのだときめてかかったら「断じて行えば鬼神もこれを避く」という。これはむかしのりっぱな人がいったのだろうけれどそういうことなしに、鬼神が避けても避けなくてもかまわない、コツコツとやっていく。そうすると、自分とやることと一つになる。イヌが食べる物と一つになって食べておるようなものですね。（中略）

わしは、それが一番大事で、一番きれいなものだと思う。

『坐談集』五巻

28日 日本を愛する

本当に日本を愛し日本の将来に対して大なる希望を懸けようと思う人々にとりては、自らを批評するに厳に失しても寛に失してはならぬのです。

これは個己の場合でも国家の場合でも同じ事であります。

『全集』八巻

29日 真の平等

平等は如何《いか》なる意味においても、それだけであるものではないのです。平等は差別のあるところに可能です。平等だけあって差別のない世界はありません。平等だけあれば平等ということもないわけです。それ故、平等が叫ばれる状態の下では必ず差別があるのです。

それを忘れて只管《ひたすら》に平等平等と叫びまわって、何もかも水平線上に臥かしてしまうことは、啻《ただ》に理論上意味をなさないのみならず、事実上にも不可能なことです。

『全集』八巻

30日　人生

人生は分別の所産であるところの業《ごう》である。分別が人生と世界とを作り上げているあらゆるものの基底にあると同様に、業は人生そのものである。

それから逃れるすべはないのである。

『一禅者の思索』

5月

見送る大拙　1966年

1日 子供の力①

子供は純粋だというが、その通りである。彼等の純粋性は天真爛漫《てんしんらんまん》のところに在る。眠らんと要せば便《すなわ》ち眠り、坐せんと要せば便ち坐する。お腹がすけば泣く、気に喰わねばやんちゃをいう。着物が邪魔になれば何時でも真裸になる。如何《いか》にも涼しい顔で室中をとんでまわる。そのかかりかっぽのないところが赤裸の真の姿である。子供はこの点で大人を超越した何ものかを持って居るといってよい。

『全集』二十一巻

2日 子供の力②

子供というものは利己的衝動の束であるが、それを表す場合には、全く「本来のまま」であって、遅疑することなく、実際的・世間的の効無効を考えることをせぬ。この点では、子供は天使であり、神の如《ごと》くでさえある。

『全集』十一巻

3日 盲目の愛

親が、子どもを愛するということも、情が余りあって、知が足りないという場合には、子どもを徒《いたず》らに可愛がり過ぎて、これがために却って教育上、好結果が得られない。親の盲目の愛、殊《こと》に母親の愛というものを見れば、知というもので矯めて行かねばならぬ点がある。

『禅とは何か』

4日 無条件の慈悲《じひ》

何か代わりに出すものもないのに、無条件的に慈悲《じひ》をくれる親は、本当の親である。親は決して代償を要請せぬ。

『全集』二十巻

5日 まず生きる

経験の前にどうだとか、経験のあとがどうだとか理屈をいって、親の胎内から飛び出したわけじゃない。飛び出してから理屈をつけるんだから、本当に生きていることの喜びを感ずるには先《ま》ず生きていなくちゃならない。

『全集』十巻

6日 自然の裡《うち》に生きる

禅の目的とするところは、自然を尊び、自然を愛し、己れ自らの生を生きるにある。禅の認めるところは、吾々の本性が客観的自然と一つであるということだが、これは数学的意味でいうのではなく、自然は人の裡《うち》に生き、人は自然の裡に生きるという意味でいうのである。

『全集』十一巻

7日　守るべきもの

人の評判を気に掛けたりしておっては何もできない。しかし評判を気に掛けずに無茶苦茶をやれというのではないが、人の機嫌をとろうということにのみ心を傾けておってはいけない。或る場合には大いに人の機嫌をとることも大事であるが、自分は自分としてちゃんと守るところがなければならない。ただ機嫌をとって内に守るところが何もないということになったら人間としてはゼロというほかになかろう。

『全集』十巻

8日　仕事の仕方

ものをやるときに、仏教のほうでこういうことをいうですね。自分はこれだけの仕事を課せられた、それをやらなくちゃならない、やるべきように自分は進んでここにおるのだ、としたならば、その仕事をやる上で、こうやったならば主人を喜ばすとか、隣の人を喜ばすとかいうことを考えないで、仕事をまじめにやる。するとそのほかのいいことはみなついてくるのだといいます。

『坐談集』五巻

9日 天日と大地 ①

天日は有り難いに相違ない。又《また》これなくては生命はない。生命はみな天をさして居る。が、根はどうしても大地に下さねばならぬ。大地に係わりのない生命は、本当の意味で生きて居ない。天は畏るべきだが大地は親しむべく愛すべきである。大地はいくら踏んでも叩いてもおこらぬ。生まれるも大地からだ。死ねば固《もと》よりそこに帰る。天はどうしても仰がねばならぬ、自分を引き取ってはくれぬ。天は遠い、地は近い。大地はどうしても、母である。愛の大地である。

『日本的霊性』

10日 天日と大地 ②

天日は死した屍《しかばね》を腐らす、醜《みにく》きもの穢《けが》らわしいものにする。が、大地はそんなものを悉《ことごと》く受け入れて何等の不平もいわぬ。却ってそれらを綺麗なものにして新しき生命の息を吹きかえらしめる。

『日本的霊性』

11日　宗教は大地より出る

宗教は上天からくるともいえるが、その実質性は大地に在る。霊性は大地を根として生きて居る。萌え出る芽は天を指すが、根は深く深く大地にくいこんで居る。

『日本的霊性』

12日　独坐《どくざ》大雄峯

ある坊さんが、百丈という大善知識に「いかなるか是《こ》れ奇特の事」と尋ねました。奇特というのは、不思議なことと申して、稀有のこと、ありがたい事といってよいのです。百丈和尚の答は、

「独坐《どくざ》大雄峯」

というのでした。独坐というのは自分がここにこうやって独りで坐《すわ》っているということ。大雄峯は山の名前で、百丈山のことです。「独坐大雄峯」、すなわち、自分はここにこうして坐りこんでいるではないか。これほどの奇特な大事実はないのです。

『無心ということ』

13日 生きることと苦しみ ①

苦しみというようなことも、不平があるから苦しいという心持ちが出るのである。不平がなかったら苦しみも何もないはずだ。

余り完全に出来て居て、何もかも都合がよいと、不平がなくなる、苦しみもなくなるが、従って人間も亡びてしまうものである。

我々もその環境との関係が、すべて完全に行って居ると、生きて居るのか死んで居るのか分からぬということになる。生きて居るという時には何か苦しみというものがなければならぬものと思う。

『禅とは何か』

14日 生きることと苦しみ ②

その苦しみというものが出る時に、我々が本当に生きて居るという心持ちになるのである。而《しこう》してそれと同時に、いろいろの学問が出て来る。世間に悪いことがなくて、いいことばかりの方が、よいと思うけれども、実際の、実利の方面からいうと、やっぱりいいことも、悪いこともなければ、いけないように思われる。

いいことばかりであると、いいということも感ぜられない。いいという時には悪いということもなければならぬ。

『禅とは何か』

15日 木の生えるように

教育は木の生えるように歴史的継続性があるべきだ。多量製造主義で、機械から飛び出すような教育には根がない、従って枝がない、葉がない。

『全集』十九巻

16日 これからの教育

これからの教育者は、自国の尊いことをのみ教える代わりに、自国をどうしたら最も尊くなるかということを教えなくてはならぬ。

『全集』十九巻

17日 禅的生涯

正面より見れば、禅的生涯は各人の悉《ことごと》く営む所なり。鳥の鳴く、花の笑う、日の照る、雨の湿う、山の高き、木の長き、皆是《こ》れ清浄法身の活現とすれば、わが生亦固《もと》より禅的ならざらんや。わが妻子を愛し、わが父母をしたしみ、わが国を思い、わが君を敬す、人心自然の発展なり。而《しこう》してこの自然なる処に禅的生涯の面目動くを見る。

されど只々自然なるに任せて行く時、これ禅なりと思えば則《すなわ》ち錯過す。『禅の第一義』

18日 修行の道筋

ある禅坊さんは次のようにもいっている。「まだ禅にはいらない前は、山は山、水は水であった。少し禅をやるようになったら、山は山でなくなり、水は水でなくなった。ところが、修行もすんだということになったら、山はまた山、水はまた水になった。」

山が山でない、水が水でない時節を、一遍、通らなくてはならぬ。そうでないと、本当の山が見られぬ、水は見られぬ。

『東洋的な見方』

19日　そのまま

そのままということは、朝から晩まで寝ていればよいということになるかというと、そうじゃない。わしのいうそのままというのは、悪いことをしていかんと思えば、悪いことをしない。といってもまたそのまま、悪いことをする、いいこともする、本能的な動きでそのままだというのがふつうの見方だが、私はそうではない。悟りに裏づけられてそのままになるわけです。裏づけしたものがなければ、ありのままの本能的な動作というものは、けっしてそのままでない、我というものがはいっている。

『坐談集』三巻

20日　手放しで話す

学者がね、仏さんがこういったとか、この人がこういったとかね、ソクラテスがどういった、ヘーゲルがどういったとかいうね。ああいうことをみなやめにしてしまったらどうか。そして、手放しでやるんだ。つまり、〝わしはこう見る〟、〝仏はわしのいうことに賛成している〟とこういってもよいわけなんだ。

『坐談集』三巻

21日 おかげさまの体験

おかげさまは、人間でなくては十分に体験せられぬのである。既《すで》におかげさまがある。すなわち「勿体《もったい》なさ」がなくてはならぬ。日本人の生活の中にこの二つの思想が深くはいって居る。

『全集』十九巻

22日 自然のおかげ

「衆生《しゅじょう》」は、仏教の言葉で、一切万物をその中に容《い》れている「自然」の義にほかならぬのである。すなわちわれらは「自然」の力、「自然」のおかげ、その中には、相手の友だち、その他の人間はいうに及ばず、天地の間に存在する現在・過去および未来の一切のものを含めて、それらの「力」、目に見えぬ「力」に、護持《ごじ》せられて、自分だけでない、われと人とともどもに、いずれもいずれも今日の生命を続けて行けるのである。

『全集』二十巻

23日　衆生無辺誓願度《しゅじょうむへんせいがんど》

四弘誓願《しぐせいがん》というものがあります。その四弘誓願の中に、行住坐臥《ぎょうじゅうざが》や、すべての行動を支配して行くものがあります。その一番初めが衆生無辺誓願度《しゅじょうむへんせいがんど》です。衆生というのは、すべての人、動物も、草も、木も、月も、星の世界も、何もかもひっくるめて、三千大千の世界、無数にある世界、所謂《いわゆる》衆生無辺ですからそれを皆救おうというのです。

『全集』二十九巻

24日　人類生存の究竟目的

予は近頃「衆生無辺誓願度《しゅじょうむへんせいがんど》」の旨を少しく味わい得るように思う、大乗仏教がこの一句を四誓願《しせいがん》の劈頭《へきとう》にかかげたるは、直に人類生存の究竟目的を示す、げに無辺の衆生の救うべきなくば、この一生何の半文《はんもん》銭《せん》にか値《あた》いすとせん。

『全集』三十六巻

25日 偉大な宗教家

一人の偉大な宗教家が出ると、その人のまわりに多くの信奉者が集まる。信者は、必ずしもその人の宗教経験を分けもつということでなくても、その人の徳に包まれて、何となくその人の到達した宗教的生活の水準まで自分等も上ったような気がする。或《ある》いはそこまで実際に上らぬまでも、その人に就いていると、何だか自分等以上のものがそこから出て来て、普段の境界よりもより広い、より深いものに接するような心持ちになる。

『全集』二十二巻

26日 個《こ》我《が》克服

宗教は、自然征服の代わりに個《こ》我《が》克服を企図する。

『全集』二十二巻

27日　一歩一歩

一歩一歩上がれば何でもないぞ。一歩一歩努力すれば、いつの間にか高いところでも上がっている。

＊齢《よわい》九十を過ぎた大拙は松ヶ岡文庫に住んでいた。そこへ行くには百三十の石段を上る。「九十を超えて大変でしょう」と言う人に答えた言葉。

『致知』二〇一七年六月号
上田閑照・岡村美穂子対談

28日　歩きながら味わう

何事もあわただしい現代生活においては、吾々はともすれば急いで終点に着こうとする。そして人生の意味を、一歩一歩、歩きながら味わってゆくという余裕を失ってしまっているのである。一つの目的に到達すると、もう、次の目的に向かって急いでいる。

一つ一つの目的は、ほかの目的から独立した、それぞれ独自の価値をもっているのに、その一つ一つの目的を、それ自体として攫《つか》むことができないでいる。

『全集』二十二巻

29日 本当の人間

個性の自由ということ、またその創造力ということを知らなくては、人間性の真価に徹底出来ぬのである。

本当の人間というものを知らんとするには、この自由性・創造性に一たびでも直接に触れなくてはならぬのである。

『全集』十七巻

30日 自由の本質

自由の本質とは何か。これをきわめて卑近な例でいえば、松は竹にならず、竹は松にならずに、各自にその位に住《じゅう》すること、これを松や竹の自由というのである。（中略）松は松として、竹は竹として、山は山として、河は河として、その拘束のなきところを、自分が主人となって、働くのであるから、これが自由である。

『東洋的な見方』

31日 正義の怒り

人間に「怒り」がなかったらだめである。動物が怒るとき毛を逆立てるのがある。今まで自分の中にある枠の中にかがんでいたものが中からそれを破って深いものをあらわすものである。これが怒りである。善にも強けりゃ悪にも強い、正義に怒るものがなかったらだめである。

『全集』二十二巻

6月

松ヶ岡にて。山田無文老師と　1966年

1日 愛の生活

本来愛の働きは美しいのがあたりまえである。しかし、愛そのものはよく働く農婦のように、やつれた姿をしている。他のものの為に苦労を重ねるところから、その顔は皺《しわ》だらけで、その髪は真白だ。解決しなければならぬ難問を多く身に附けている。その生活には苦労の絶え間がないが、喜んでそれに耐える。世界の果てから果てへと旅をつづけて、休むことを知らず、止まることを知らず、憩《いこ》うことを知らぬ。

『全集』十一巻

2日 自己犠牲の衝動

人間というものは自己主義的・自己中心的なものだとは、屡々《しばしば》いわれるところである、が、人間には、又《また》一方、他人のために自己を犠牲にしようとする衝動があるという事実も、否定できないのである。

『全集』十一巻

3日　生命と愛 ①

生命を創造するのは愛である。愛なくしては、生命はおのれを保持することができない。

『禅』

4日　生命と愛 ②

生命は、かぎりなく錯綜した相依相関の網であるから、愛の支えなくしては生命たり得ない。愛は、生命に形を与えようとして、さまざまのすがたに自己を表現する。

『禅』

5日 道具《ツール》の奴隷

人間は多くの道具《ツール》を造り、各方面に活動する際、極めて有効にそれを使う。しかし、常にその造った道具の専制力《ティラニー》に身をさらすこととなる。

その結果、自己の主人公ではありえず、卑《いや》しい境遇の奴隷となるのであるが、最も悪いことは、彼がこの事実を意識しないということである。

『禅による生活』

6日 道徳の限界

禅による生活は、単に道徳的だということ以上である。道徳は束縛するが、禅はもっと広い自由な生活の領域に人を解放する。

道徳は創造的ではない、従って道徳は単に道徳だけのものにすぎず、それ以上であることはできないものだ。

『禅による生活』

7日　罪①

罪というのは必ずしも法律上とか道徳上でいうものに限らぬ。何か他の人に接して、貪瞋癡《とんじんち》の一念が動けば、それが罪である。

『全集』十巻

8日　罪②

外面に現れないでも、手足の上で行動面に動き出ないでも、内に動く一念は直ちに罪である。誰に対してどう犯したということにならなくても、ただ内に動いた、そうしてその動きに気がついた、自覚があったということが罪なのである。

『全集』十巻

9日　功徳《くどく》を積む

自分の為に功徳《くどく》を積むということでなくして、自分が人の為に功徳を積む、自分が積んだところの功徳が人の功徳になると、こういうことになるのである。『禅とは何か』

10日　損と得

ある意味からいうと、宗教というものは、損ばかりするものである。世間のことは、得をするようにと努めるが、宗教の方では、そうでなくして、損をするよう、損をするようにということになる。というと、それはどういう意味になるかというと、自分に損をするのであって、人には得が行って居るのである。『禅とは何か』

11日　すべては眼前にある

おそらく禅には、つまるところ、何の不思議もないのであろう。何一つかくすところなく、すべてがあなた方の眼前にある。もしあなた方が食事をとり、衣服をととのえ、野良で働いて米なり野菜なりを作るならば、それであなた方は、この世でなすべきことのすべてをなしているのであり、無限はあなた方の中に実現しているのである。

『禅』

12日　知識の範囲

人間の生活を知識だけで規制して行けると思う人もあるようなれど、これほど間違った考えはない。知識のみで動く人生の範囲は割合に少ない。何か知らぬが、知識できめておいたことが、忽然《こつぜん》と転覆せられて行くことが沢山ある。それから又《また》何の事なしにやって居ることで、これを知識で照らして見ると、何の理由も立たぬが、何だかそう為ないと、工合のわるいような気がする、そんなことも沢山ある。『全集』十九巻

13日 真実の言葉①

われわれがある言葉の真実性を確信するのは、必ずしもそれが論理的にすぐれているからではなくて、主として、そこに、心を揺り動かす生命の流れが脈打っているからである。（中略）

単なる論理は決してわれわれを動かさない。そこには知性を越えた何かがなければならぬ。

『禅』

14日 真実の言葉②

生きた体験を語るのは、生きた言葉でなければならない。使いふるした比喩や概念によってはならない。

『禅』

15日 禅は不純を嫌忌《けんき》する

禅は不純を嫌忌《けんき》する。

人生は芸術である。そして完全の芸術のように、それは自己没却《ぼっきゃく》でなければならない。そこには一点努力の跡、あるいは労苦の感情があってはならぬのである。

禅は鳥が空を飛び、魚が水に游《およ》ぐように生活されねばならない。努力の跡が現るるや否や、人は直ちに自由の存在を失う。

（中略）

禅の目的とするところは、人の生命と、本来の不羈《ふき》自由と、しかして特にあるがままの完全とである。

『禅学への道』

※不羈……束縛のない。

16日 不純白な行動

機械にたよると、その働きの成績にのみ心をとらわれる。早く効《きき》めがあれとか、多くの仕事ができるようにとか、自分の力はできるだけ節約したいとか、また経済的には、少しの資本で多大の利益を占めたいなどいうことになる。これを宗教的、霊性的方面の生活から見ると、もっとも不純白な行動と見なくてはならぬのだ。

『全集』二十巻

17日 黙々と働く

実際の仕事をする人というものは、黙々として働いて行く。単に不言実行という意味ではない。人から何といわれても、何と褒められ、何と謗《そし》られても、唯自分の行くべき道と信じたところを踏んで行く。只《ただ》それだけである。

『全集』十六巻

18日 一番大切なこと

われわれの一生というものは、なにも人の目を驚かして、偉い者になろうとか、なったとかいうところにあるのでなくして、日々の仕事をやることが一番です。

『全集』二十巻

19日　自利利他の原動力

自分をむなしうするという工夫は、積極的に、他のために働くことです。他のために自分の労を惜しまずに、手足を動かしていると、自分のことが自然に気にかからなくなります。

この手足を動かすということは、なんでもないようで、なかなか意味深いのです。手足を動かして他のためにつくす、これをちいさなときからならしておくと、自然に自分のことのみを考えるくせが少なくなり、何かにつけて「誠」がやしなわれ、信仰ができてくるのです。

昔、「一日作《な》さざれば一日食わず」といった人があります。この「作す」というのは、手足を動かすこと、働くこと、他のためにすることです。元来、生きるというのは動くこと、人間にあっては、働くことです。

ですから、働くこと――これが自利利他の原動力なのです。これで、生きているかいとはなんであるかがわかり、したがって信仰が出てくる、「誠」がやしなわれるのです。

『鈴木大拙随聞記』

20日 活かす

「活かす」という言葉には禅に特有な調子が出る。「物を死なして使う」のでなくて、「物を活かして使う」ことは、経済的にいえば、その物のもつ効力を、事情を参酌して、能《あた》う限り、最高度に発揮させることである。

『禅堂生活』

21日 十二時を使う①

趙州《じょうしゅう》は、ある時、雲水《うんすい》に向かって、「お前たちは十二時に使われているが、わしは十二時を使っている」と、いったことがあるが、禅ではこうなくてはならぬのである。自分で分けた時間に自分が使われているようでは、はなはだ不都合であろう。使うために分けたので、使われるためではなかったのである。

『日本的霊性』

※雲水……禅の修行僧。

22日　十二時を使う②

　ある時、ある坊さんが雲門に尋ねた。「十二時中（一日中）どうしたならば空しく過ごさぬということになりましょうか」と。この問いに対して雲門は、こう答えた。「お前は何処に向かってこの一問を据えようとするのか」と。この答えもまた十二時を使っている人でないと出て来ない反問である。雲門に尋ねた坊さんの立場は、十二時に使われている立場で、それで十二時を空しく過ごすとか、過ごさんとかいうのである。十二時を使っている人から見れば、空しく過ぎて行く十二時などいうことは考えられぬのである。今日われらのよくいう「充実した生活」ならば、どこに罅隙《かげき》などいうものがあり得ようか。内面的に充実した十二時を使い廻している生活そのものから見れば、十二時をどうの、こうのというような、問いの出て来る隙間がないのだ。空しく過ごさぬという者は、その実、空しく過ごしている時間の連続をやっていることになるのである。すなわち、いつも十二時に使われて居ることになる。『日本的霊性』

※罅隙……裂け目。割れ目。

23日 大地は人間の心を映す

人間は大地において自然と人間との交錯《こうさく》を経験する。人間はその力を大地に加えて農産物の収穫に努める。大地は人間の力に応じてこれを助ける。人間の力に誠がなければ大地は協力せぬ。誠が深ければ深いだけ、大地はこれを助ける。人間は大地の助けの如何によりて自分の誠を計ることが出来る。大地は詐らぬ、欺かぬ、またごまかされぬ。人間の心を正直に映しかえす鏡の人面を照らすが如くである。『全集』第八巻

24日 自然は怨親《おんしん》平等

自然はまたこの親しいものも、憎いものも、一様に取り扱う。怨親《おんしん》平等である。雨がふれば誰でも濡れる、日が出れば何でも照らされる。自然は区別をせぬ、依怙《えこ》ひいきをせぬ。この点では公平である。或いは無頓着である。「人情」を容れぬ。

人間はそうは行かぬ。選択をする。いろいろな言いわけをして、何とかかとか差別をつける。それから不平を言う、そうしてその不平に耳をかす、説明をする。

『全集』十九巻

25日 敵は我にあり

人間は外側の敵を克服しつつ、自分の領域を拡げて行くと思って居るが、豈《あ》に図らんや、克服されるべきは、外になくして却って内に居るのである。（中略）

人間を征服すべきものは、外に在るものでなくて、人間自身であったのだ。

『全集』十九巻

26日 虚心に観察する

科学は自然を正直に虚心に観察しなければならぬ、少しでもこちらで何か求める心があれば、自然はその秘密を伝えてくれない。また実験をするにしても、実験者に誠実の欠けることがあると、その成績は決して十全なものでない。

科学ほどに正直・誠実・精確・細心・虚心坦懐などという徳性を要求するものはないのである。それ故、科学の教え方によりては、吾等の人格向上に資するところ頗《すこぶ》る大なるものがあるわけである。『全集』十九巻

27日 赤児の力

何だか弱々しいところがあるにもかかわらず、思うままに活動するのが赤児である。泣きたければ泣く、眠たければ眠る、大人なら人前ではというようなことになるが、赤児では人前がない、天上天下唯我独尊《てんじょうてんげゆいがどくそん》である。そうしてこの独尊のところに赤児の絶大の力が認められる。大人は赤児の前に出ては誠に惨めな生活を送っている次第である――こういった哲人もある。これも尤もなところがあると思われる。

『無心ということ』

28日 大人の赤子

大人は小児の心を失わずといい、また天国は赤子のごとくにして、始めて入ることを許されるというが、それはただの赤子になるのではない、大人の赤子である。分別を具えた無分別である。迷い迷いての後に出来た、大人の赤子である、古桶の底を抜いてしまってからの赤子である。

『東洋的な見方』

29日 才能を私有しない

自分が社会的にでも何にでも他に勝れて利益を享有したり或いは天稟の才能があったりすると、それは私有すべきもの、即《すなわ》ちただ自分のために役立たすべきでない。それは何《いず》れも社会一般のために捧げるためのものでなくてはならぬ。

他に比して自分に何かいくらでも優れたものがあれば、それだけ他よりもより多く貢献するところがなくてはならぬ。

『全集』九巻

30日 衣裳をまとう

自分等はいつも何かの衣裳を着けて居る。この衣裳なるものは必ずしも木綿とか絹とか毛織物とかいうものでのみ出来て居ない。社会的地位などいうものも亦一種の衣裳である、また世間の評判というものも衣裳である。何でも外からこの身に着けられ加えられたものは悉《ことごと》く自分に属しないものである。

『全集』二十一巻

7月

東京 日活ホテルにて。出光佐三氏と　1963年

1日　弥陀《みだ》の声を聞く時

念仏は、我々が自己の救済と往生の一大事を阿弥陀《あみだ》に任せきったというしるしである。自分はついには地獄へ落ちるよりほかない者だという事実を、心の底から深く自覚されたならば、その時が即《すなわ》ち弥陀の呼び声を聞いた時なのである。

念仏はこの自覚と聴聞からおのずと湧き出てくるのである。

『全集』十一巻

2日　植物の霊気

植物でも何でも、生きたものには一種何ともいえぬ面白味がある。自分と共通のところが何処《どこ》かにあるように感ぜられ、一本の芽の出るのにもいい知れぬなつかしさが味わわれる。草木国土一切成仏を一つの思想と見れば、中々に容易ならぬ主張であるが、これは畢竟《ひっきょう》ずるに一つの直感である。

一本の水仙《すいせん》でも、その中から脈々として一種の霊気がこちらへ伝わる。これを感じると、野菜根でさえも、これを煮て食べるのが、可哀相でならぬ。

『一禅者の思索』

3日 大地に親しむ

大地に親しむとは大地の苦しみを嘗《な》めることである。ただ鍬《くわ》の上げ下げでは大地はその秘密を打ち明けてくれぬ。大地は言挙げせぬが、それに働きかける人が、その誠を尽くし、私心を離れて、自らも大地となることが出来ると、大地はその人を己が懐《ふところ》に抱き上げてくれる。

『日本的霊性』

4日 大地と自分は一つ

霊性というと、いかにも観念的な影の薄い化物《ばけもの》のようなものに考えられるかも知れぬが、これほど大地に深く根を下ろして居るものはない。霊性は生命だからである。大地の底には、底知れぬものがある。空翔《か》けるもの、天下《あまくだ》るものにも、不思議はある。しかしそれはどうしても外からのもので、自分の生命の内からのものでない。大地と自分とは一つものである。大地の底は自分の存在の底である。大地は自分である。

『日本的霊性』

5日 自然と人間 ①

自然とは、力でもありまたエネルギーでもある。自然は人間の呼びかけに反応するものだ。もしも人間が自然のはたらきに親しみをもち、人間がそのはたらきと一体となれば、自然は人間に協力し、自然の一切の秘密を人間に明らかにして見せるだろうし、更に人間が人間自身の何たるかを知る上に助力さえ惜しまないだろう。

『全集』十二巻

6日 自然と人間 ②

自然は人間のように依怙贔屓《えこひいき》をすることを知らず、どこまでも、自己の必然の一筋道から外れることを拒《こば》むのだ。自然は自分の方から調子《ちょうし》を合わすことはしないので、自然に調子を合わせてゆかねばならぬのは、人間の方である。自然の「必然」は絶対のもので、人間はこれを受け取らねばならぬ。この点にかけては、自然は或る神聖な意志をもっているものといえるだろう。

『全集』十二巻

7日 野の花

野の花は自己を意識せずして咲き、人間がこれを鑑賞しようとしまいと一向に頓《とん》着《ちゃく》しない。空の鳥は、まったく心のままに軽やかに天空を飛びまわっており、鳥の愛好者や科学者が、自分達を観察したり研究したり鑑賞しているのを少しも意識しないでおりながら、なお神の恩寵を受けている。

『全集』二十一巻

8日 蓮と泥水

蓮はひとりで咲いて居るのではない。蓮を咲かして居る泥水がある。ああいう汚いものと思われるものが、そこにあるので、そこから綺麗なものが咲いて出る。

それと同じように、一心という美しい花を咲かせるには、その花ばかりでなくて、そのぐるりにいろいろなものが居る。それがあるによって、かえって一心というものが育て上げられる。

『全集』十六巻

9日 禅の行為

倫理的な人は立派な奉仕の行を行ずる。しかし彼等は始終意識してそれを行ずるのである。さらに何か将来の酬《むく》いを考えないとも限らぬ。だからその行為は客観的に或いは社会的に善なるものであっても、その心はむしろ染汚して居り、なかなか清浄とはいわれないのである。禅はこれを忌《い》む。

『禅学への道』

10日 修禅の目的

修禅の目的は見性とか、悟道とかいうが、その近代思想の病弊《びょうへい》に対する点から見ると、修禅は吾《わ》が心を深める功徳《くどく》がある、濫《みだ》りに人に知られんとする病を癒やす力がある、心のうわっつらに活きんとする近代人の頂《ちょう》門《もん》に一針《いっしん》を下すききめがある。

即《すなわ》ち広告に囚《とら》われずしてその物の真相を親しく見んとするは、修禅の力に由《よ》るのが捷径《しょうけい》である。新聞紙の記事を丸呑みにせずして、その間にある紆余《うよ》曲折《きょくせつ》を見透《みす》かす力は、修禅で養成せらる。

『全集』十九巻

11日　坐禅をする①

朝から晩まで慌ただしい、機械化した生活から一歩退いてその圏外に立って、この世界を見るということが出来ねばならぬ、即《すなわ》ち坐禅をして見るというだけの余裕が出来なければならぬと思う。

そういう機会を忙しい忙しいといいながらも、やはり何とかして作って置く方が宜《よ》かろうと思う。

『禅とは何か』

12日　坐禅をする②

科学の進展も機械の横溢《おういつ》も大いに歓迎すべきであるが、これがため知性の尊重のみが加わって、人間生活が概念的に上《うわ》っ走りすると、頭が大きくなって、脚がふらふらし、お腹が背中にひっつくようになる。

身体全部の安定性が失われると、どうしても、人間は内面的に駄目《だめ》になる。これを救うの途は一に坐禅に在るとしなくてはならぬ。

『全集』十五巻

13日 原始的な生活

何故われわれは、まったく自己を意識することなく、何も考えずに、赤子のような無邪気な気持ちで、自己の周囲にあるすべてのものに好奇心をそそられていた、あの原始的な生活状態に戻ってゆこうとはしないのか。

『全集』二十一巻

14日 手工品の創造性

手工品は作品に画一性《かくいっせい》がない、一つ一つ違っている、置き換えられぬ、唯一つだけである、創作である。そうして作者の人格が一一に窺《うかが》われる。崇高《すうこう》な芸術品の前には自ら頭が下がると、人はいうのである。

それは何故かというに、分別智的技巧・人工的作為を施《ほどこ》さずに、作者の個己性から自由に湧《わ》き出て、それが手に足に伝わり、それぞれに必要な材料を取り寄せて、それから出来るからである。

『全集』二十二巻

15日 縁なき衆生《しゅじょう》を救う

「縁なき衆生《しゅじょう》は度《ど》し難《がた》し」とは、俗にいうだけのことで、仏教のほんとうのところは、縁なき衆生も度するところにある。仏教には、「不請《ふしょう》の友となる」という言葉がある。請《こ》わざるの友、つまり縁なき衆生だ。別に先方から頼んでこなくとも、なんとしても、そういう人を救わなければいけないのだ。頼んでくるという縁も何もない者をも救おうというのが、仏教の「大慈《だいじ》、大悲《だいひ》」のところだ。

『鈴木大拙随聞記』

16日 大智《だいち》と大悲《だいひ》

仏教では「大智《だいち》、大悲《だいひ》」という。つまり、智と悲で分けるが、仏教のほうでは、「大智」をエンファサイズする傾向があるのだ。キリスト教のほうでは「大悲」をエンファサイズする。しかし、同じ仏教のうちでも、禅宗では「大智」を、真宗《しんしゅう》のような浄土《じょうど》系では「大悲」をエンファサイズする。そういうちがいがあるのだ。

『鈴木大拙随聞記』

※エンファサイズ……強調。

17日 地獄におちて人を救う

昔、円覚寺《えんがくじ》の住職に誠拙《せいせつ》という人がいたことがある。この和尚がはじめて円覚寺にきたころは、円覚寺は鎌倉近在の人びとのバクチの中心になっていたという。このバクチ場化してしまっている寺を、どうやってまともなものにするのかと人にたずねられたとき、誠拙和尚《おしょう》は、

「わしもいっしょにバクチをしよう」

と答えたという。

こんなふうに、仏教の「大慈《だいじ》、大悲《だいひ》」は、地獄におちている人間を救うためには、いっしょに地獄までおちていくのだ。ところが、キリスト教では、悪い者はどこまでも悪いとして正面から攻撃する、血なまぐさい征服までやってのける。

『鈴木大拙随聞記』

18日 御心《みこころ》のままに

私の無心というのは（中略）たとえばキリスト教的に言うと、「御心《みこころ》のままに」というようなことなのです。神の御心のままにならせ給《たま》えという、そう「まかせ」主義のところのあるのを宗教的と言います。

『無心ということ』

19日 心は腹にある

心はどこに在《あ》るかというと、胸か腹である。頭は身体から離れて存在するともいえるが、腹や胸は、内臓全体のことで、つまり人体の主要部である。手足が動的面を代表するとすれば、腹は人間存在の全面を代表すると見なくてはならぬ。『東洋的な見方』

20日 母親の力

盤珪和尚《ばんけいおしょう》は、播州赤穂《ばんしゅうあこう》の大石良雄の出られた近辺の村の人で、大石良雄とも何か関係があったようで、良雄は盤珪和尚の所へ来て修行したというような話もあります。

（中略）

この盤珪和尚はどういう所から宗教的に進まれたかというと、盤珪和尚の親は、お医者さんであったらしい。十歳の時に父は亡くなりまして、それから、母親に育てられたのでありますが、母親に非常に孝行をせられたということである。盤珪禅師は、母親の力で立派な坊さんになられたのであると思われますが、女の力というものは、表に出ないのが普通なんです。女自身は立派になって世界へは出ないけれども、その子供が立派になって世界へ出る。子供が偉い人物になったとすれば、その裏にはきっと母の力があったということを忘れてはなりません。世間では偉い本人ばかり見て「偉い偉い」というが、その偉い人の裏には、必ず母の力がある。不思議にそうなんです。これは父親が偉いというよりも、母親が偉くないと、子供は偉くならぬと思います。

『全集』二十巻

21日　女と男

女がいなくては男は生きることができない。女には、わしら男に見られるような〝我《が》〟がない。徹底してつくしてくれるあのやさしい気持ちにこそ、女の本質、つまりほんとうの女らしさがあるといえるだろう。

『鈴木大拙随聞記』

22日　自然の情

赤ん坊が水におぼれているというと、わしらは飛んでいって、それを救う。これは人間の自然の情である。だれにほめられようというのでもない。どうなろう、こうなろうというのでもない。これは人間が悪くても善くても、そういうことに関係なしにある感情である。（中略）

そういうふうなところは、考えで、どうしたこうしたというものではない。自然に出てくるところがある。

『鈴木大拙随聞記』

23日 蝉《せみ》①

「やがて死ぬ気色も見えず蝉《せみ》の声」

という句があるですね。蝉というものは、まあ、ジュージューと鳴きたてて、ずいぶん神経をいらだてるもんだが、面白いといえば面白い。ジュージューと何も惜しまず、あとに残さない。力を半分出すなんてことはない。小さな蝉の全部がジューになって出るですな。

『新編　東洋的な見方』

24日 蝉《せみ》②

蝉《せみ》はやがて死ぬのだが、今日死のうが明日死のうが、そういうことには蝉は頓着《とんちゃく》しない。持っておる全部を吐き出して、ジューとやるところに、いわれぬ妙がある。それを芭蕉《ばしょう》が見たに相違ないのです。

『新編　東洋的な見方』

25日 俳句と悟り

日本人の心の強味は最深の心理を直覚的につかみ、表象を借りてこれをまざまざと現実的に表現することにある。

この目的のために俳句は最も妥当な道具である。日本語以外のものをもってしては、俳句は発達できなかったろう。

それゆえ、日本人を知ることは俳句を理解することを意味し、俳句を理解することは禅宗の「悟り」体験と接触することになる。

『禅と日本文化』

26日 東洋人の人生観

仏教に又《また》「即《そく》」という字があります。この「即」が妙を極めた言葉です。

「即」とは物に「即」して我、我に「即」して物というようなことです。「即」するという字が東洋人の人生観・世界観の根柢にある字であって、この「即」という一字にぶっつかったが為に、我等は本当に自然を愛することが出来るのです。『全集』十六巻

27日 「持つ」と「ある」

直訳で思い出すが十三か四で初めて英語を習った頃に、ア・ドッグ・ハズ・フォア・レッグスという文章を読んで、犬が四本の足を持つ、なんと妙なことをいうものだなと思ったことがある。その頃は一語一語ていねいに直訳して読んだものだ。

日本語では、わたしに手があるというだろう。かばんを持つとはいうが、わたしは二本の手を持つとはいわんだろう。自分から離れたものなら持つというが、おのずからそこにちゃんとあるものにはもつといわずにあるという。しかし西洋ではそんな時にもつにあたるハヴという言葉を使うのだな。

西洋の人は、まず個人があって、それがが物を持つと、こう考えるのだ。そこに自我の自覚ということもあり、近代史の発展ということもおこったと考えられる。科学というのも、これまでのところでは、そこからだろう。しかし物をまず〝実体〟化して、そうしたのちにその〝属性〟を考えるというと、そしてそれを人間に及ぼすというと、個人が主となって、個人的所有欲の強いところ、すなわち力——権力——の支配する世界となるだろう。

『鈴木大拙の原風景』

28日 一歩先へ

美穂子さん、一歩先に進むんだ。（中略）道はまだ遠いんだ。さっさと先へゆくんだ。

＊岡村美穂子が何かのことに思い悩んでぐずぐずしていたとき、大拙が言った言葉。

『大拙の風景 ―鈴木大拙とは誰か―』

29日 本願

ほぅーら、美穂子さん、本願が上《のぼ》って来たぞ。

＊本願とは何か尋ねた岡村美穂子に対して、山から上る朝日を指して言った言葉。

『大拙の風景 ―鈴木大拙とは誰か―』

30日 凡夫そのままで

お釈迦《しゃか》さんだけに天上天下唯我独尊《てんじょうてんげゆいがどくそん》を独占させるんじゃなくて、こうしてお互いに顔を突き合わしておる、いわゆる「凡夫」なるものが、そのままに、それぞれ唯我独尊というものを持っているのです。それで生きていく。それで生きていくからして、何もむずかしいことはないのです。人間尊重の真の意味をここまで持って行かぬと、根なし草の感じがするのです。

『全集』二十巻

31日 相即相入する

朝起きて面を洗う、水と自分と相即相入する。「お早う」と挨拶を交《か》わす、君と吾とは相即相入する。「今日はよいお天気で」という、太陽と自分と相即相入する。工場へ行って、機械に電力なり水力なりを与える、機械はまわる。何か物が出来る。——何《いず》れもが何れもと相即相入ではないか。

水に自覚はない、電気に自覚はない、日光に自覚はない、遠山碧層々《えんざんへきそうそう》に自覚はない。が、自分——人間——には自覚がある。

『全集』十五巻

8月

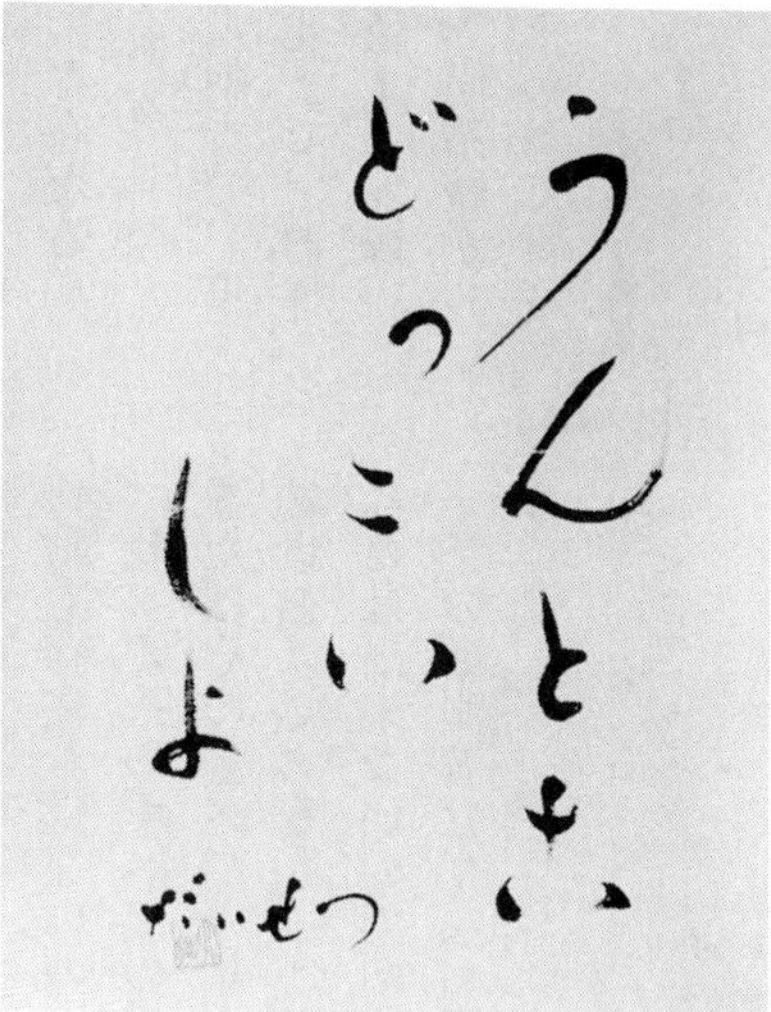

「うんとこどっこいしょ」 1961年

1日 今・ここ

「今・ここ」というと、諸君は何でもないように見るかも知れぬ。吾等《われら》の存在なるものは、いつも「今・ここ」である。「今・ここ」を朝から晩まで、晩から朝まで、東京から京都まで、九州から東北まで、伯林《ベルリン》から日本まで、莫斯古《モスコー》から倫敦《ロンドン》まで、或《あ》るいは地球から太陽まで、一つの太陽系統から今一つの太陽系統まで、持ちまわって居るではないか。

『全集』九巻

2日 人生は万物の基礎

人生は万物の基礎である。人生を離れて何物も存在し得ないのである。

我々がそのすべての哲学を以《もっ》てするも、またはそのすべての雄大な、かつみごとな思想を以てするも、到底人生から逃れ去ることは出来ないのである。

星の観測者は今なお固い地上を歩いている。

『禅学への道』

3日　自分から出たもの

自分から出たものは、小さくても力がある、生命がある、本当の意義で活き活きしておる、他人の真似の出来ぬところがある。その真似の出来ぬところが自分である。誰でも彼でも皆この真似の出来ぬところがあって欲しい。本当に自分になろうと思わねばならぬ。

多くの人は皆他人になろうともがいておる。誰かの着物を真似し、髯《ひげ》を真似し、歩みかたを真似し、表情を真似し、主張を真似し、感情を真似し、真似し尽くして、此《こ》処《こ》に一個の人形が出来て来る。

『一禅者の思索』

4日　霊性のはたらき

霊性は既《すで》に此処《ここ》に活躍して居る。自分はしゃべる、諸君はきく、ここに霊性を看取《かんしゅ》しなければならぬのである。

『全集』九巻

5日 全宇宙を救う道

天賦《てんぷ》の才を与えられた者も、自分一人だけの完成を志すことなく、自分が得たものをすべて他に分け与え、他の人々をして功《く》徳《どく》の宝庫に入らしめ、一歩でも浄土《じょうど》に近づけるようにしなければならない。それが又《また》同時に自己が浄土に近づく道なのである。こうして人間全体、否、全宇宙が救われてゆくのである。

『全集』十一巻

6日 最良の説明法

我々は所謂《いわゆる》説明なるものに習慣づけられ過ぎている。それで或《あ》る事が説明されれば、もうそれ以上問うことも何もないと考えているのだ。説明というものはいくら寄せ集めてみても、実際経験にかなうものではない、経験ほどよい説明はない。

『全集』十二巻

7日　自力を超える

自力というのは、自分が意識して、自分に努力する、他力は、この自分がする努力はもうこれ以上に出来ぬという処《ところ》に働いて来る。他力は自力を尽くしたところに出て来る。

窮《きゅう》すれば通ずるというのもこれである。意識して努力の極点に及ぶというと、もうこれ以上は出来ぬと思うところがある。ここを突破する、所謂百尺竿頭《いわゆるひゃくしゃくかんとう》一歩を進めるというか、兎《と》に角《かく》も一歩踏み出すというと、茲《ここ》に別天地が拓《ひら》けてくる。そこに自分の意識していなかった力が働き出る。

『禅とは何か』

8日　宗教の到達点

色々の書物を読んだり、又《また》多少の経験を積んだりして来ると、宗教というはどれもこれも、畢竟《ひっきょう》じて同じことをいうて居るものだとの信念が益々《ますます》深くなって来る。基督《キリスト》教の本を見ても、他力の宗旨《しゅうし》に参《さん》じても、自力の修行をしても、その入口は何だか違ったようにも感ずるが、最終のところは同じなのではあるまいか。

『全集』十七巻

9日 浅原才市《あさはらさいち》①

才市《さいち》は石見国《いわみのくに》の温泉津《ゆのつ》町という日本海に面したところに生まれて死んだ人である。昭和七年に八十歳を少し越えて死んだが、下駄屋が商売で、親しく下駄削りをやった。いわゆる「一文不知《いちもんふち》の尼入道」であったが、不思議に天賦《てんぷ》の詩才があった。入信後二十年間ばかり、毎日その所感《しょかん》を、小学生用の覚え帳に、平仮名でしるした。それが百冊ばかりになったが、不幸にして、戦災でその大部分は焼けた。残り三十部あまりは、幸いにして今なお保存せられている。

『全集』二十巻

10日 浅原才市《あさはらさいち》②

下駄を削りながら、その思う所を、忘れぬように鉋屑《かんなくず》の上または下駄の歯そのものに、毛筆で書き付けた。夜に入りてから、それを小学生用の清書帳またはノートブックなるものに、纏《まと》めて書き上げた。一冊ごとに、およそ百首または百項以上の「歌」なるものが所載《しょさい》せられたので、全部で百冊として、一万首にわたる所感項目があるわけである。短いものを二、三左に掲げる。大正八年の作である。

『全集』二十巻

11日　浅原才市《あさはらさいち》③

○ほどけ（ほとけ）から、ほどけもろをて、
ほどけなり。
○こころ　ほどけた　ほどけと　わたし、
なむと　あみだと、こころ　ほどけて。
○わしがこどもが、わしがあとたてる、
あみだ　みよをせき（名跡）わしがたて
る、
しゆ（衆）生さいどをしてたてる。

これら三首だけを見ても、才市が信仰の
いかに徹底しているかが、了解できる。

『全集』二十巻

12日　浅原才市《あさはらさいち》④

○たりき（他力）にわ、じりき（自力）も
なし、たりきもなし、
ただいちめんの　たりきなり、
なむあみだぶつ、なむあみだぶつ。
（中略）
才市《さいち》は自身の体得そのものを赤裸々《せきらら》にほ
うり出して、大声一番、
なむあみだぶつ！　なむあみだぶつ！
をいう。これは口称の念仏名号ではない、
才市自身が「なむあみだぶつ」そのものと
成り切っているところから、おのずとあふ
れ出た「天上天下唯我独尊《てんじょうてんげゆいがどくそん》」である。

『全集』二十巻

13日 征服の心

近頃個人主義がいけないというが、その個人主義と最も関係を持って居るのが征服という言葉である。征服ということは一つのものと他のものが対して、その間に力の関係を見るから出るところの観念である。もしこの間に、力の関係を見ないで、こっちがあっちを包む、又《また》反対にあちらがこちらを包むということにして、力の代わりに愛の心を生かすことにすると、征服の観念は消えて行く。お互いに包まれて生きて行くということになる。

『全集』十六巻

14日 近代文化の根本悪

自分の考えでは今日の文化の根本悪というものは、「征服」の観念から出るのである。これを征服しない限り世界は決して平和にならぬ。「平和」を叫ぶ傍からこれを打破する仕掛けのみをやって居るから、その声を大にするだけ反対の結果のみ出て来る。

『全集』十九巻

15日　各人の責任

今日の歴史的環境に目撃せられる一切の非道、一切の非合理、一切の残忍《ざんにん》、一切の抑圧は、当事者だけの責に帰《き》すべきではない。何等《なんら》関係もない全く傍観の位地に置かれてあると思われる人々の上にも落ちかかって居るところのものである。隣の人、向こうの人――空間的に時間的にどんな隔《へだた》りがあろうと――、それらの人々の上に、何等かの非道が加わったとすれば、それは直《ただ》ちにこの自分、このわが身の上にかかる大事件なのである。

『全集』十九巻

16日　悲劇を楽しむ

悲劇は人間にだけにある。人間だけが芝居を作って、これに見とれる、これに泣く、これに笑う。而《しこう》して又《また》これを笑うのである。悲しみを味わう、悲しみを楽しむということは、人間にのみ許されて居るのである。それで人間にのみ歴史がある。人間のみが南無阿弥陀仏《なむあみだぶつ》を唱え得るのである。

『全集』十九巻

17日　武士道

「個人主義」を捨てるということは、即《すなわ》ち手柄の大小を争わぬこと、役目の不足をいわぬこと、一つの理念に向かって驀直に向前することである。まことにこれが武士道である。

『全集』十六巻

18日　「我」を超越したもの

自我をなくするには、自我よりも、もう一つ大きいものを見付けなければならぬ。

『全集』十六巻

19日　無意味の意味に生きる

ちょっと考えると、本能を肯定することがすなわち無心であるというようにも見える。

ある点からみれば、その通りであるが、その本能に人間的、有意有心的鍛練が加えられて、そうしてかえってそこに、大いに今までの動物的無心の中では味わわれない無限の意味を持ったものが出てくるのである。

この無意味の意味に生きることが、いわゆる無心の境涯《きょうがい》だと自分は言いたいのである。

『無心ということ』

20日　飛び越える

飛び越えることが肝要だ。同じ平面でなく、次元のちがった面に立つのである。そういっても考え違いをする人が多いゆえ、とにかく、未知の境域へ驀進《ばくしん》または侵入する覚悟で、全存在を投げ出すのである。そうしなければならぬ時節が到来するのである。

思索家はいつも外側にいて、すなわち客観的態度なるものに、習慣づけられているので、「思い切った」という心になりえない。そこに禅匠と一般哲学者との間に、越えられぬ障壁《しょうへき》が立っている。

『東洋的な見方』

21日 自己の内側

外側からでなく、実際に自己の働いているる内側自体から、自己を知り、自己を意識し、また、それがはたらいている場所で自己を見るならば、諸君は、従来の殻《から》を脱して、その仕事場の中へ、自己の中へ、宇宙を動かす仕事の中へ没入することができる。

『全集』二十一巻

22日 天地を持つ

この天地にこうやって居る、この天地は私《わし》のものである、私が持って居るというような考えは捨てなくてはならぬ。天地を本当に持っているということは、天地と一つになるということである。まず自分というものがあって、また天地というものがあり、そうしてその天地を自分のものとして居るとの考えは、根本的に誤りである。

『全集』十六巻

23日 不自由が自由

アメリカへ行ってラサールで何かを考えていた時に、〈ひじ、外に曲がらず〉という一句を見て、ふっと何か分かったような気がした。〝うん、これで分かるわい。なあるほど、至極あたりまえのことなんだな。なんの造作《ぞうさ》もないことなんだ。そうだ、ひじは曲がらんでもよいわけだ、不自由（必然）が自由なんだ〟と悟った。

『人類の教師・鈴木大拙』

24日 自由の意味

西洋のリバティやフリーダムには、自由の義はなくて、消極性をもった束縛または牽制《けんせい》から解放せられるの義だけである。それは否定性をもっていて、東洋的の自由の義と大いに相違する。

自由はその字のごとく、「自」が主になっている。抑圧も牽制もなにもない、「自《みずか》ら」または「自《おのずか》ら」出てくるので、他から手の出しようのないとの義である。

『東洋的な見方』

25日　供養《くよう》の心

日本ではよく供養《くよう》ということが行われる。これも衆生《しゅじょう》恩を報《ほう》ずる感情の一分の現れだ。抜き取られた朝顔のために供養をする、使い捨てられた筆のために供養塔を立てる、捕獲せられた魚類のために石に経文《きょうもん》を刻んで埋める、解剖せられた屍体《したい》のために読《ど》経《きょう》供養をする、その他針供養ということなど、各種の法要が営まれる。何《いず》れも衆生恩を思うのである。

『全集』十八巻

26日　道具への感謝

この身体でさえ精神の可視的・物質的延長であるので、死ねば葬式するが、それと同様に、切られた手足、役に立った道具・機械など悉《ことごと》く供養《くよう》でもしてその霊を慰めてやりたいものである、或いはそれぞれに果たした役目に対して感謝の意を表したいものではないか。こうすると、世界が何となく温かくなって来る。自然を征服するでなく、これと親しんで手を握り合うということは、人間の向上、人道の洗練ではなかろうか。

『全集』十八巻

27日　死後の世界よりも

それより、今、ここに在ることはどうなのかいナ……。死んでからでは遅くはないか？

＊ある人の「鈴木先生は、死んでからどうなるのか、知りたいと思われたことはございませんか」という質問に対して答えた言葉。

『大拙の風景 ―鈴木大拙とは誰か―』

28日　現在の時に往生《おうじょう》する

我々が往生《おうじょう》というと死んでからのことにして居ますが、それは必ずしも死んでから往生するのでなくして、こうしている時――こうして生きて居ると信ずる時、既に往生して居るんじゃないかと考えます。

それでありますからして、この体《からだ》はここに娑婆におるけれども心は常に浄土に遊ぶなりということ、或は信心の人は如来にひとしということの意味が、こういうところで判るのではないかと思うのです。

『全集』第七巻

29日 あるがまま

ある人が盤珪《ばんけい》禅師に問われた。（中略）
「私はどうも、雷を聞きますとびっくりします。もうガラガラと鳴り出すと、居ても立ってもいられませんが、これはどうしたらよろしゅうございましょう。」
するとと、盤珪禅師が、
「どうしたらよろしゅうございましょう、というのがいけない。びっくりしたらびっくりしたでいいじゃないか。」『全集』二十巻

30日 柔軟心

心がやわらかになると、カラダがやわらかになる。それで、子供のときのカラダは柔軟なんですね。

この柔軟心ですが、単に消極的な受け身だけでない、いれて包むということがあるのですな。いれて包むということがないと、カラッポでもほんとうのカラッポにはならんだろう、と思う。

『坐談集』五巻

31日

日常に詩を見る

ちょっとした日常のことにも、詩をそこに見ることができるですね。詩情というか、その詩を見るというのが宗教です。

『新編　東洋的な見方』

9月

東京・駒場 柳邸にて。左から順に、柳宗悦氏、棟方志功氏、岡村美穂子氏　1955年

1日 震災所感

自然というはどんなものか、又何《また》の事であるかは知らぬけれども、とに角、人間の力で動かぬ者、人間の考えのままに働かぬもの、人間の智で測られぬものがあるとして、これを自然と名づけておこう。

この自然が人間のやった仕事に対《たい》して、その「意見」を吐いた。そうしたら、その結果が「未曾有《みぞう》」の災害というものになって、吾等の生命も財産も、一分時にして奪い去られ、壊了せられた。

*関東大震災に対する評論

『全集』十九巻

2日 貧の平和

貧の平和（けだし、平和はただ貧においてのみ可能である）は、あなた方の全人格の力をつくしてのはげしい戦いをたたかい抜いてのちに、はじめて得られるものである。怠惰や、放任安逸《あんいつ》な心の態度から拾い集めた満足は、もっとも嫌悪すべきものである。そこには禅はない。ただ懶惰《らんだ》と、無為の生があるのみである。戦いは、はげしく雄々しく戦われなければならない。これなくしては、どんな平和が得られたにしても、それはみな偽物である。そこには深い基盤がないから、ひとたび嵐にあえば、たちまち押しつぶされてしまう。

『禅』

3日　人間の姿

何といっても人間は、破壊と建設、悪魔と天使、鬼と仏との混合です。『全集』八巻

4日　不平等こそ世界

世界は不平等で出来あがっている。そうしてこの不平等こそ世界の内容なのであり、それが時には美しく映り、時には醜く映るのである。

『全集』十一巻

5日 年をとる意味

壮年活動の時代では、色々の誘惑と戦わねばならぬので、内面的生活が十分に働かぬ。精力の大部分が外に向けられて仕舞《しま》う。名利に赴かなければ男女の欲に向かう。或いは両方面の応接に忙殺《ぼうさつ》せられて自己の内面を省察《せいさつ》するだけの余裕がない。こんな処で人生の灯が突如と消えて行けば、人間ほど無意義なものはないとも考えられる。

どうしても吾等は年をとらねばならぬ。

『全集』十九巻

6日 老人を老人として

もし医者にして老人の研究をせんとなら、老人を老人として研究すべきだ、これを若返らすなどするな。老人をして静かにその生涯の意義を思わしむるような養生法《ようじょう》を研究すべきである。

『全集』十九巻

7日　内なる神①

スエーデンにラーゲルクィストという人がある。近代有数の作家で思想家だ。
その人の小品に『永遠の微笑』がある。その中に出てくる「神」は、ユダヤ系の神でなくて、平凡な一老樵夫《しょうふ》である。朝から晩まで、一生を通じて、同じ仕事に精出している木樵《きこり》の老人である。これが面白い。「何の故に、こんな不平等で、悲苦《ひく》の連続である世界を造ったか」と詰問《きつもん》せられるのに対して、何の造作《ぞうさ》もなく、「それは自分の精一杯の仕事なのだ」と答えて、木樵を続ける。

『全集』二十巻

8日　内なる神②

いかにも平々凡々の日常底である。この神は威儀《いぎ》堂々として他を声色《こわいろ》の上から畏服《いふく》せんとするでなく、親しみやすい、至るところに見られる、原始的な仕事をやる凡人である。
神はその外面から見るべきでなく、その主体性の中に飛びこんで、始めて体認せられるのである。

『全集』二十巻

9日 万物の霊

人間の人間たる所は、社会的生活をなし能《あた》うところにある。蟻や蜂のごとき集団生活でなく、また獅子や虎のような独立独行でない、人間特有の価値ある生存を可能ならしめるところのものが、われらになくてはならぬ。

この「なくてはならぬもの」を完成して行くのが、「万物の霊」である。人間には、単なる生物的進化でなく、これを内面化し霊性化したものが備わらなくてはならぬ。

『全集』二十巻

10日 四十にして惑わず

顔に責任を持つというよりも、四十になった人の顔は、自分の顔だということだ。自分がつくりあげた顔だということだ。四十になってもまだおかしいような顔つきをしている者は、くだらんということになる。これはよほどうがった言葉だといえよう。孔子が「四十にして惑わず」といったのも、よほどうがった観察力を持っていたからだと思う。

＊「四十歳を過ぎたら自分の顔に責任を持て」というリンカーンの言葉に対して。

『鈴木大拙随聞記』

11日　七十からの生活

孔子は「七十にして心の欲する所に従うて、矩《のり》を踰《こ》えず」といった。自分は七十を越ゆること二十年以上になったから、何でも自由自在に、好きなことを、やってのけてよいのだが、さてその好きな所、欲する所は、何かと問われるに違いない。

天国は児供《こども》のようでないと行けないというから、児供のように小便でも大便でもたれ流しという風に、その欲するがままに、どこでも、場所の分別なしに、やってしまうべきであろうか。大小便に限らず、そのほか一切の行動、二つ三つの赤ん坊のようにするのが、七十になってからの生活であるべきか。否、否、それは大いに然《しか》るべからざるうか。大人は小児の心を失わずであろうか。否、否、それは大いに然《しか》るべからざるは、弁ずるまでもあるまい。『全集』二十巻

12日 衆生《しゅじょう》の恩

自分は今この一片の紙の上に一軸のペンを動かして居るが、このペンの発明者、この紙片の創作者は誰であるかを知らぬ。が、彼等によりて今は自分のみならずその他の多くの人々が、どれほどに利益を享《う》けて居るかわからぬのである。彼等を追憶《ついおく》して適当の儀礼によりて感謝の意を表することは、尤《もっと》も然《しか》るべき次第であろう。これも亦衆《またしゅ》生《じょう》の恩を偲《しの》ぶ一端である。

『全集』九巻

13日 衆生《しゅじょう》への報恩《ほうおん》

生産過剰も濫費《らんぴ》奨励も、その根源において統制すべきであろう。例えば始めから過剰にならぬように考えるべきである。金を儲けてよいものなら、幾程儲けてもよい。但《ただ》、その剰余底は衆生《しゅじょう》への報恩《ほうおん》底に差し向けられなくてはならぬ。

『全集』九巻

14日　科学の罪

科学そのものには元より何の罪咎《ざいきゅう》もあるわけでない。非人格的で分析的だということは科学の価値を是非するものでない。もし科学に罪があるとするなら、それはそれを用いる人間の如何《いかん》にあるのだ。

つまり人間自身の姿が科学にうつるというべきである。主体そのものに正しき心の持ち方さえあれば、科学も取りて以て全一の人格を向上さして霊性的境地に入らしめることも亦《また》可能である。

『全集』九巻

15日　画餅《がべい》飢えを充たさず

吾等は、何かすると、言説に囚われて行く癖がある。言説は言説として頗《すこぶ》る大切なものであるが、その帰着するところを知らなくてはならぬ。

即ち言説は事実の表示であって、事実そのものでない。言説は画餅《がべい》である。画餅はいくら食べても飢えは充ちぬ。『全集』十五巻

16日 陰徳《いんとく》を積む ①

さきに自然物を愛惜《あいせき》するといったが、ここに陰徳《いんとく》の積みどころがある。普通人の嫌がる仕事、即ち穢《きたな》い便所掃除とかいうような事を進んでやる、これも陰徳である。縁の下の力持ち的仕事も陰徳である。他に世話をかけぬよう、自分で出来ることは悉《ことごと》くやる、これも陰徳の積みどころである。

『全集』十八巻

17日 陰徳《いんとく》を積む ②

日本では下駄をぬぎはきするが、この下駄のぬぎ方が大抵は乱雑を極めたものだ、これがいつの間にやらちゃんと直っている、ここにも陰徳《いんとく》を積んだ人が居るのだ。障子《しょうじ》のやぶれもいつとなしに張られている、誰がやったかわからぬ、しかしやったものがなくてはならぬが、これを詮索《せんさく》だてせぬのも亦《また》陰徳であろう。

『全集』十八巻

18日　真理の在り処

真理は個人の生ける経験に依拠《いきょ》しなければならぬ。

『禅学への道』

19日　真の習得

何ものと雖《いえど》も、それが全身隈《くま》なく滲透《しんとう》して生動《せいどう》するに至らざれば、真の習得とはいわれない。

『禅堂生活』

20日 公案禅《こうあんぜん》 ①

公案禅《こうあんぜん》の方には階段がつけてある、とにかく一段に足がかかれば、それから何となしに引っぱられて行く。これ明らかに造作である。しかし便利でないとは言われぬ。古人が公案を案出した所以も実にここに在るのである。老婆心切の至りだ。『全集』一巻

21日 公案禅《こうあんぜん》 ②

が、それだけに危険がある。危険はその形式化のところに在る。鶏鳴狗盗《けいめいくとう》の輩《やから》も関《せき》所《しょ》を通らぬと限らぬ。事実通って行く、通させてやる。安売りの危険性は公案《こうあん》につきものである。人為的工作にはいつも型が出来る。型が固形化してくると生命はそこを流れぬことになる。生死脱得の真実境が撃剣の型のように取り扱われては、禅は禅でなくなる。『全集』一巻

※鶏鳴狗盗の輩……人をあざむいたり、物を盗んだりする者。
撃剣……剣などで攻め、身を守る術。

22日　道元の面目

『正法眼蔵《しょうぼうげんぞう》』も彼の偉大なる性格の一面を構成する重要因子には相違ないが、それよりもより以上に有力なるものが彼にあったのではなかろうか。

『正法眼蔵』に包摂《ほうせつ》せられて居る「哲学」よりも、その「哲学」を動かし、併《あわ》せて彼の「行持」を支持して居る精神――これが曹洞《そうとう》宗を作り上げたのではなかろうか。自分は『眼蔵』よりも『随聞記《ずいもんき》』に道元の面目をより深く読みたいのである。

一宗の成立には人物とか性格とか操守《そうしゅ》とかいうものだけでは、勿論《もちろん》十全ではない。一人の師を周《めぐ》り、又《また》これを嗣《つ》ぐ弟子に有力の材がなくてはならぬ。時代の背景も無視できぬ。

『全集』一巻

※操守……変わらない覚悟を有している。
『正法眼蔵』……曹洞宗の祖　道元禅師の主著。
『正法眼蔵随聞記』……道元禅師の言行録。

23日 死と生

死生一如といって如何《いか》にも超脱した見解をもつ人もあるが、わしは死生一如と考えぬ。死は死、生は生である、ただ死を生から離しては考えられぬ。そうして死に対しても限りなき思いが湧くが如く、生に対しても言い知れぬ感情がある。（中略）

この「思い」の中には尊敬と感謝の念がある。「力のない自分だ」という心持ちもある、それと同時にこの「ない力」は直ちに「無限の力」と連関して考えられるべきものだという感じもある。

『全集』七巻

24日 著述の中心

わしは知識を並べたのではなくて、信仰を書いたのだ。

『回想 鈴木大拙』

25日 なぜ宗教に入ったか

父が死んでのちは家が貧乏で、しょっちゅう金の心配をせんならん。それで何かにつけて不自由を感じた。友だちはというと、父親がおるから十分に世話をしてくれる。学校に上がるにも都合がよいわけだ。それで不平ということではなくても、自然に、世の中のことが何か分からんという気がする。西田や山本や、友人たちといろいろ議論をした記憶がある。その頃、宗教的な哲学的な人生の問題に、目覚めたわけだろう。

『鈴木大拙の原風景』

26日 わかりたい一心

わしは、ただわからないことをわかろうと一生懸命つとめただけだった。自分の能力の可能性などということは全然考えてもみなかったよ。

（中略）

わしが円覚寺《えんがくじ》にきたのも、わかりたい一心だった。それ以外には何もなかった。

『鈴木大拙随聞記』

27日 考えも一つの働き

苦しいというは、矛盾から来る。主観と客観との矛盾もあるし、価値観と実在との矛盾もあるし、吾《わ》が意志と他の意志との矛盾もあるし、又所謂《またいわゆる》人間と自然との矛盾もある。矛盾は衝突を意味する。衝突は物理的方面で、苦観は心理的である。

「考えずに働け」と言う人もあるが、人間は働くように出来て居るが、又考えなければならぬようにも出来て居る。働くための考えかも知れぬが、一たび考え出したら、この考えの生い立ちを中止するわけに行かぬ。考えもまた一つの働きである、これを忘れてはならぬ。

『全集』十九巻

28日 わきめを振らない

計らいを離れるというのは、仕事にわきめを振らぬという義である。

『全集』十巻

29日 ありがたい

本当に有り難いという心が出て来る場合は、自分はそれを受けるだけの資格が無いのに受けたという時で、そこに本当に有り難いということになるのでなかろうか。

『全集』二十一巻

30日 影で光が見える

光だけの世界というものはない、それは無である。光があれば必ず影がある、この影で光が見えるのである。

『全集』十巻

10月

横浜 宝林寺にて「仙厓修行之地」碑建立記念式。朝比奈宗源老師と　1963年

1日 老人の生

単に昔の事をのみ想い出すこと、牛が反《はん》芻《すう》するが如《ごと》きを老人の能とせぬ。老人の生涯は壮者《そうしゃ》の如く依然として光を前途に認めることにより生命がある。生命は個人の終わりで終わらぬ、永遠に持続する。老人はこれを知らねばならぬ、そのとき老人も若ものとなる。これが本当の若返り法である。老境《ろうきょう》の意義を此処《ここ》に読みたい。老人の上に恵あれ。

『全集』十九巻

2日 永遠の生命

日に新たにして、また日に新たなる時間、年々歳々人も花も同じからざる時間、この移りてやまざる時間に生きること、そのことが永遠の生命なのである。

『全集』二十巻

3日 永遠と刹那《せつな》

われわれが生きる刻々が永遠そのものである。永遠はこの一刹那《せつな》にほかならない。両者は相互に融《と》けあい一つになっている。この完全な相即相入が悟りの内容である。

『禅による生活』

4日 悟り

終始悟りとして残るような悟りは、悟りではない。それは悟りの臭気が強過ぎる悟りといわれる。悟りは、悟りそのものとなるには、悟りそのものをも失わなければならない。かかるものが悟りである。

『禅による生活』

5日 大きな関係の中に居る

自分というものが所謂《いわゆる》全体というものに――神といってもよろしいが、――そのものに相関係して居る、自分は自分だけのものでない、もっともっと大きな全というものに包まれて居るということ、自分は、より大なる関係の中に居るものであるという風な自覚が出て来ると、其処《そこ》に一の宗教経験がある。

『禅とは何か』

6日 何のために捨てるか

自分の身を捨てるということはいいことだが、なんのために捨てるかといえば、全体のために捨てる。皆がよくなるために捨てる。その動機はよいが、目的は、はたして全体のためになるかならないかということを判断するには、知識がなくてはならない。

『全集』二十巻

7日　目的なく救う

人が水に溺《おぼ》れるという時には飛び込んで救う、別に目的があって、自利の為に救うというのではない、ただ悲という心が働いてそうするのである。

『禅とは何か』

8日　憐《あわれ》みの本能

悲《ひ》ということは他人を憐《あわれ》むという本能的な事実から起こる。

『禅とは何か』

9日 無限の光の泉

愛は信頼する。つねに肯定し、一切を抱《ほう》擁《よう》する。愛は生命である。ゆえに創造する。その触れるところ、ことごとく生命を与えられ、新たな成長へと向かう。あなたが動物を愛すれば、動物はしだいに賢くなる。あなたが植物を愛すれば、あなたは植物の欲するところを見抜くことができる。愛はけっして盲目でない。それは無限の光の泉である。

『禅』

10日 相依相関

存在するものすべての相依相関の真理に目覚め、たがいに協力する時、はじめてわれわれは栄えるのだという事実を、まず自覚しようではないか。

『禅』

11日 大地あってこそ

　吾等はどうしても大地を離れることは出来ないのです。どれほど吾等の目は天を見ていても、吾等の足はやはり依然として大地を踏んでいなくてはならないのです。
　大地を踏むことに因《よ》って始めて天空を眺め上げることが出来るのです。

『一禅者の思索』

12日 再発見と新発見

　再発見はその実、新発見である。「いつも始めての心持ち」がしなくては、再発見にならぬ。その「始めて」が日に新たにして、日々また新たなりでなくてはならぬ。ここに再発見の真義がある。

『全集』二十巻

13日 粒々辛苦《りゅうりゅうしんく》①

昔の人は御飯を食べる時にも、粒々辛《りゅうりゅうしん》苦《く》というて――それには政治的の意味もあるかも知れないけれども――米は一粒も捨てず、有り難く頂戴しなければならんことになって居た。米を作るには、農夫はどの位苦しんだか分からない。それを我等消費者は安閑《あんかん》として食べる訳には行かない。

『全集』十六巻

14日 粒々辛苦《りゅうりゅうしんく》②

農業では自分自身の手と足とを働かさなくてはならぬ。粒々辛苦《りゅうりゅうしんく》というように、米に限らず一個の南瓜《かぼちゃ》でも、一本の胡瓜《きゅうり》でも、人間勤労の不断の結果である。ここに有り難さを感じ得るのである。

農人の勤苦《きんく》に対しての感謝と、大地の無《む》功徳《くどく》的の恩恵とに対する感謝、これが宗教的なものである。それから農産物には一種神聖なものが感ぜられる。

『全集』十九巻

15日　近代人の病

科学や哲学で知性を拘束され、機械と経済で独創の本能を奪い取られた人間は、畢竟《ひっきょう》どうなるかというと、その時々の当面の感覚的刺激のみを追求することになる。酒をのむ、煙草《たばこ》や阿片《あへん》をのむ、活動写真を見る、自動車を乗りまわすなど、何《いず》れも神経衰弱性の現象でなくて何ぞ。

自分の手足を自分で使うことの出来ぬ近代人、自分の意志・知能を自分のものとして責任を負うことの出来ぬ近代人の往く処は大抵知れている、即《すなわ》ち自己破滅・文化破滅である。

『全集』十八巻

16日　大量生産

大量生産は誠に結構であるが、これがために、天然の資源を濫費《らんぴ》する傾向があるように見える、それから又《また》出来上がったものに対して愛惜《あいせき》の心が出て来ぬ。

天地自然の世界は、人間経済の続く限り、その利用・虐使《ぎゃくし》・濫費に任してよいものだとの考えを抱かしめるのが、近代生活の一面である。

『全集』十八巻

17日 自分に資格はあるか ①

自分に何の特権があって天地の物を享受《きょうじゅ》し得るのか。又《また》自分に何の道徳があって他をしてその力を自分に致させ得るのか、百姓《ひゃくしょう》が作り出した米をお腹一杯たべて寝転んで居て、それですむか。各種の職工たちが汗水垂《た》らして作り上げてくれた製品をむざむざと何の思慮なしに使いっぱなしにしてよいか。

『全集』九巻

18日 自分に資格はあるか ②

自分等は彼等に対してそれぞれの代償を払ったから、各種の製品も作物も皆自分の恣意《しい》で消費し使用してよいではないかと、こう考えるのが正当か。経済学ではそれでよいかも知れぬが、人間としての心の中には、それだけで何も残らないであろうか、何となく割り切れないものが、心の奥に在りはしないだろうか。

『全集』九巻

19日　所有欲

我々人間の懐《いだ》く最悪の欲望は所有欲である。我々の最後の行き先は、三呎《フィート》平方に過ぎぬ墓穴であると承知はしていても、死後自ら何等用いる事なき物をも蓄積せんとする欲は頗《すこぶ》る強盛《きょうせい》である。

『禅堂生活』

20日　神経消耗の時代と禅

今日のような、商業主義・工業主義の烈《はげ》しい時代にあっては、大抵の人々は、興奮、衝動、煽情《せんじょう》的なものに夢中になっているから、時の到らぬうちに神経を消耗して、遂《つい》には心の平衡《へいこう》を失ってしまっている情態にある。禅の指向するところは、一方この精力の無用の喪失を回復し、更に精神の余力を常に涵養するにある。

『全集』十二巻

21日 宗教と機械化文明

宗教に依ってのみ、近代機械化の文明から逃れることが出来ると私は思う。

『禅とは何か』

22日 宗教的思想の自覚

宗教的思想の最も高度に現れて自覚に上り来るは、逆境に処するとき、即《すなわ》ち愛せるものを失いたるとき（一）、自ら善と思えることの行われずして却《かえ》って切迫に陥るとき（二）、自ら一事の情に任せて残酷惨烈《さんれつ》の所行をなしたる後、意平に心静まれるとき（三）、非常の患難交々《かんなんこもごも》到来してその生命を危うするとき（四）に在り。

『全集』二十三巻

23日 妻

妻を思うと言うよりも、自分の半分がなくなったと言う方がよかるべし、殊《こと》に自分の場合では。

*昭和十四年十月二十三日付、妻の死に際して山本良吉に宛てた手紙。

『全集』三十六巻

24日 極楽

極楽というところは久しくとどまるべきではない。とどまってもしようのないところだ。ありがたいかしらんけれども、ありがたいだけでは何のためにもなりゃしない。ただ自己満足ということになる。それだから、どうしても極楽を見たらただちに戻ってこなければならない。還相《げんそう》の世界へはいらにゃならん。

『鈴木大拙―人と思想―』

25日 芸術とは ①

芸術にどんな定義を与えようとも、それは生の意義を味わうことから発したといいい得る。或いは又《また》、生の神秘が深く芸術の組成の中に入り込んでいるともいい得る。それ故、芸術が極めて深遠《しんえん》にして且《か》つ創造的な態度で、それらの神秘を表す時、それは吾々の存在の奥底をまで動かすのである。芸術はその時神業《かみわざ》となる。

『禅と日本文化』

26日 芸術とは ②

最大の芸術品は、それが絵であれ、音楽であれ、彫刻であれ、詩であれ、間違いなくかかる性質を、即ち、何か神の仕事に近いものを持つものである。真の芸術家を、少なくとも、彼の創作活動の高潮《こうちょう》に達した芸術家を視《み》れば、彼はその瞬間は創造主の代理者に変形するのである。『禅と日本文化』

27日 東洋の美

インドに近代有数の音楽家が出た。それが世界的に有名になったので、アメリカの興行主などが、それをレコードにとって本国に持って帰り、一儲けでもしようと思った。インドに来て、当の音楽家に、どうかそれをレコードにとらしてくれと頼んだ。もとより報酬は当人の欲するままだ。ところが、当人はそれを拒絶した。その言葉が東洋的精神を発露《はつろ》しているので、自分は感心したことがある。

曰わく、「自分の作品は衆人《しゅうじん》の慰みや楽しみにするのでなくて、聞くものの霊性的向上に資したいのである。自分の霊の奥の奥から出たものを単なる興味本位の作品に見てもらいたくない」と。

東洋では霊性的美の欠けたものを、ほんとうの美とは見ないのである。霊性的生活から遊離した美は、ただそれだけのことで、それ以上には何の意味をも持たない。

『東洋的な見方』

28日 卑下《ひげ》は無用

東洋には、哲学がないとか、美学がないとかいう人が、かなりに多い。それだけならどうでもよいが、それが何か東洋人の頭の、西洋人のほどに発達しなかったかのように考えて、何か卑下《ひげ》する感じを持ちたがる若い学者がいる。この下劣《げれつ》感はいらぬ話だ。

『東洋的な見方』

29日 世界はもともと一つ

わしの役目として自ら任じておるところは、西洋の人に東洋のことをわからせたいということだ。できるだけわからせたい。しかし、ただわからせるというので、西洋のものが東洋になれとはいわん、また東洋のものが西洋になれともいわん、西洋の人に東洋のことをわからせるのは、つまり世界はもともと一つだからだ。『坐談集』五巻

30日　人の心が表れる

言葉――文字というものが、タイプライターを通して出て来ないで、我等のロング・ハンドで当たり前の手で、書いた字になるというと、そこにその人が映る。喋る言葉を聴くというとその人が分かる、ペンで書くよりも毛筆で書いた方が、その人の心持ちが出て来る。ペンでは自由にならない、強張《こわば》って居る。その人の自由な所、その心の動き方が、ペンでは能《よ》く出ない。それには筆がいい、筆も硬い筆よりも柔かい筆がいい、筆は我等の延長である、体の延長、心の延長である。

『全集』十六巻

31日　禅の趣

もし布毛を吹く処に禅あり、「お早う」という処に禅あり、木犀《もくせい》の香を聞き、渓声《けいせい》の流れに耳を澄ます処に禅あり、茶を喫《きっ》して閑話《かんわ》を打する処に禅ありというなら、わがこの室にも大いに一段の禅趣ありて横溢《おういつ》すとしたものか。

『全集』十六巻

11月

ピー太郎と貞太郎　1965年

1日　労働の神聖さ

労働は神聖なり、心的労働と体的労働とを問わず、苟《いやしく》もそのわれを尽くさしむるものは皆神聖なり。

人の一生をして神聖仰ぐべきものと為《な》し得るは、実にこの境涯《きょうがい》に居る時に限るとなす。

『禅の第一義』

2日　仕事の永遠性

宗教的根拠をもっていると、仕事に永遠性がある。永遠性ということだけでなく、人を心服《しんぷく》させるものがあると私は思う。心服させるには、何が心服させるかというと、人間がほんとうに裸になったところからわき出てくるものを自ら堅くつかむということになる。それが周囲の人々を打つのだ。

『坐談集』三巻

3日　自主性を欠く

機械の世界には自主・自由自律・創造がない。日夕《にっせき》機械にふれて居るものは、またその特性に吸い込まれてしまう。自主性を欠いた人間が出来る。誰か他から動かしてくれぬと動けない。隷従《れいじゅう》は機械の最も顕著な性格の一である。

『全集』九巻

4日　大用現前《だいゆうげんぜん》、軌則《きそく》を存せず

「大用現前《だいゆうげんぜん》、軌則《きそく》を存せず」という言葉があるが、あれは軌則を破るのじゃないんだ。軌則の中へはいっておれば軌則はないんだね。

『坐談集』五巻

5日 他を重んずる

自ら主人公となることは、他をしてまた他自らの主人公たらしめることでなくてはならぬ。これはどのような意味かというに、自らを重んずるは又《また》他を重んずるものであるということである。即《すなわ》ち自分が道徳的人格であることを自覚するものは、又能《よ》く他の道徳的人格たることを認むるものである。

『全集』九巻

6日 自他を包むもの

自らの価値を尊重するが故に他のをも亦《また》尊重するということは、自と他とが何《いず》れもより大なるものの中に生きて居るとの自覚から出るのである。自と他とはそれより大なるものの中に同等の地位を占めて対立して居るのである。

『全集』九巻

7日　逆境の意味

非常な苦心をしなければならない、至る所つらい目を見なければならないという境遇から出た人、所謂《いわゆる》逆境を克服することのできた人は、逆境というものがあったがためめに、益々自分が今まで持っていた、気のつかなかったものがそこから出て来るというこことがいえる。木が風に吹かれると倒れるということもあるが、しかしまたそれによって益々根を下に張って行く、そして、その木の強靭性が、ただ順調に生長したもののよりも強くなる。

『全集』十巻

8日　二度生まれる

逆縁《ぎゃくえん》に遭遇したものは、親から生まれたという生物学的な誕生ということの外に、もう一つ私の言葉でいうと、霊性的にもう一ぺん生まれるということがある。二度生まれる、二度生まれることによって、人間が人間になる。

『全集』十巻

9日　北条時宗《ときむね》①

時宗《ときむね》は、ある時、仏光《ぶっこう》国師にたずねた。

時宗「われわれの生涯の大敵は、臆病という事です。どうしたらこれを避けることができましょうか。」

仏光「その病のよってくるところを断ち切れ。」

時宗「その病は何処からくるか。」

仏光「時宗自身からくる。」

時宗「臆病は、諸病のうちで私の最も憎むところです。どうして私自身からそれがでてくるでしょうか。」

仏光「汝《なんじ》の抱ける時宗という自己を投げ棄てた時、どんな感じがするか。それを果たしえた時、余はふたたび会おう。」

時宗「いかにしたらそれができますか。」

仏光「いっさいの汝の妄念《もうねん》思慮を断ち切れ。」

時宗「いかにしたら、わがもろもろの思念と意識を断ち切れますか。」

仏光「坐禅を組むのだ。そして時宗自身に属すると思ういっさいの思念の源に徹底せよ。」

時宗「私には面倒を見なければならぬ俗事《ぞくじ》が沢山あります。瞑想《めいそう》する暇がなかなか見つかりませぬ。」

仏光「いかなる俗事に携《たずさ》わろうとも、それを汝の内省《ないせい》する機会として取り上げよ。いつかは汝の内なる時宗の誰なるかを悟るであろう。」

『禅と日本文化』

10日 北条時宗《ときむね》②

上述のごとき対話が時宗《ときむね》と仏光《ぶっこう》との間に或る時あったに違いない。筑紫《ちくし》の海を渡って蒙古《もうこ》襲来の確報を受けた時、彼は仏光国師のまえに現れていった。

「生涯の一大事が到頭やって参りました。」

仏光が尋ねた。

「いかにしてかそれに向かわれる所存か。」

時宗は威を振って

「喝《カーツ》!!」

と叫んだ。あたかも目前に群がりくる数万の敵を叱咤《しった》し去ったかのように。

仏光は悦《よろこ》んでいった。

「真に獅子児なり、能く獅子吼《く》す。」

これこそ時宗の勇気であり、それにより彼は大陸から渡ってきた圧倒的の敵軍に立ち向かってみごとこれを撃退したのである。

（中略）

時宗が生まれながらにして偉かったことは疑いもないが、禅をまなんだことが公私の生活において大いに助けとなったに違いない。彼の夫人も熱心な修禅者であり夫の死後、円覚寺の真向かいの山中に松ヶ岡東慶寺という尼寺を創建した。『禅と日本文化』

11日 禅は生きている

私はいう、「禅は生きている」と。歴史は生きているものは何でも忌避《きひ》する。何故かというと、生きている人間は、過去・死と一緒にされることを好まない。古いものを掘り上げ、朽ち果てたものを墓穴から引きずり出すことを仕事にしている歴史家には、生きた人間はぴちぴちしすぎていて手におえないのだ。禅はそれとは違う。禅は逆に、死んだものを、も一度生かして、その生を更に新たに語らしめるのだ。

『全集』十二巻

12日 どんな教えにも禅がある

禅は、必ずしも仏教徒の思想と生活の源泉であるにとどまらない。それはキリスト教の中にも、回教の中にも、道教の中にも、そしてまた実証主義的な儒教の中にさえも、多分に生きている。これらの宗教や哲学がみな、活力に満ち、精気にあふれて、その有用性と効力とを保持しているのは、その中に「禅の要素」とでも呼ぶべきものが存在するからである。

『禅』

13日 禅の悲願

禅には智慧があって悲願がない。ないではない、唯々近代的世界環境に即応するだけの方便《ほうべん》が、その中から出て来ない。それは悲願が足りないからだといいたいのである。悲から方便が出る。智はひとりよがりになり勝ちなものである。人間としては已《や》むを得ぬ。それ故、不断の反省が要る、努力が要る、他に学ぶことを忘れてはならぬ。

『全集』二十一巻

14日 祈りの正体

祈りの生活は懺悔《さんげ》より始まる、何となれば、祈りは如何なる意味にとられようとも、それは修行者が自身に何物かを欠いていると感じ、自己完成を求めて、外力によるか、又《また》は自己自身の内面に深く沈潜《ちんせん》して行く時に生ずる熱烈な欲求の表現である。

『禅堂生活』

15日 無《む》功《く》用《ゆう》の働き

感状《かんじょう》をくれたり、表彰してくれたりするのは、それは向こうの人のすることで、自分のやった心持ちとは何等関係のないことである。いい事をしたといって上から褒められれば、それは上の人が褒めるのであって、自分の方から見れば褒められてもよし褒められぬでもよいことなのである。これを禅の方では、無《む》功《く》用《ゆう》の働きというのである。

『全集』十六巻

16日 無《む》功《く》用《ゆう》の自然

実際自然界の万物を観て居ると、中々面白いものである。春になって芽が出る、葉がのびる、花が咲く、実がなる。而《しか》してこの花の咲くのは、人に褒められようという意図があって咲くのではない。花は時節が来れば咲くのである。時節が来れば実るのである。その実を薬にしようが毒にしようが、それはその木の関係したことではない。人間のやることである。

『全集』十六巻

17日 神と羅刹《らせつ》

悲劇と喜劇とが人間性の両面である如《ごと》く、夜叉《やしゃ》性と菩薩《ぼさつ》性も同じ人間性から出て居るのである。吾等の心は、一方では永遠の神性を慕《した》い、他の一方では羅刹《らせつ》の世界を見ることを厭《いと》わぬ。外に現れた処では、天地霄壌《しょうじょう》であるが、根源は一つものでなくてはならぬと、自分は考えたい。

『全集』十九巻

18日 人生は活動

人生はまた活動なり、故に人生を会せんとならば、活動の事実に徹底せざるべからず。

『禅の第一義』

19日 偉人《えらいひと》と凡人《ぼんじん》と①

偉人《えらいひと》と凡人《ぼんじん》とを分けて、社会的に両者の間に上下、または優劣、または有力無力などの区別を立てるのはわけのわからぬ批評だと、自分は信ずる。社会的に、歴史的に、一人が他よりも、余計に名が出たり、評判がよかったり、仕事をしたりすると、その人をえらいという。これがわからぬ。

世間的に評判が立つのは、その時その時の時代的条件の組み合わせ次第で、必ずしも、その人の人間としての価値如何《いかん》によらぬ。

『鈴木大拙随聞記』

20日 偉人《えらいひと》と凡人《ぼんじん》と②

昔の詩人のいったように、田舎のお寺の墓場に名も知れずに眠っている人びとのなかに、その時の英雄とか偉人とかいわれた人よりも、ずっと人間として、平凡な人間として、村人の間に生活していったものが、何人あったか知れぬ。そのような人びとは決して「凡人」ではなかった。

ただ、周囲の事情の組み合わせ次第で、社会の表面に祭り上げられなかったというにすぎない。

『鈴木大拙随聞記』

21日 偉い人

人間はえらくなくてもよい。評判に上下しなくてもよい。一個の正直な人間となって信用のできるものとなれば、それで結構だ。（中略）真黒になって、黙々として、朝から晩まで働き、時節が来れば、「さよなら」で消えて行く。このような人をえらいひとと、自分はいいたい。『鈴木大拙随聞記』

22日 捉われない人

勲章もいらぬ、爵位《しゃくい》もいらぬ、金もいらぬ、手柄の大小を問わぬという人が居ないと、集団そのものの神聖さも、床《とこ》の間《ま》の飾りでしかない。この人を作ることが何よりの喫緊事なのだ。何の主義、かの主義という様なことは第二義である。これに捉われない人がなくてはならぬ。『全集』十九巻

23日 目茶苦茶《めちゃくちゃ》に働く

ただ目茶苦茶《めちゃくちゃ》に働くのだ、働いて働いて働きぬくのだ。

『鈴木大拙の言葉と思想』

24日 夢中で働く理由

あなたは、もしここに何か美味しいものがあるとする。それを他の人にも食べさせてあげたいと思わないか。

＊岡村美穂子に「先生はなぜそんなにお仕事に夢中なのですか」と聞かれたときの言葉。

『大拙の風景 ―鈴木大拙とは誰か―』

25日　ただ何とかして

誰もかも経済的に独立して、衣食住の束縛から解放せられんことは、人間にとりては不可能なことであろうか。こんな独立を共産主義とか、無政府主義とかいうのか知らん。わしにはわからぬ、が、わしは只何《ただ》とかして衣食住のことを心配せずに、人々が専心にその志す仕事、精神的、文化的仕事に従うことが出来ればよいと、ただそれだけが願わしいのである。

『全集』十九巻

26日　聖者の行為

無心なものは実に大胆である。尋常一様の心では測度し能《あた》わぬ。心が囚われて居ないと、その心の動くままに行動する。聖者の行為には毎時も無限そのものの姿が動く気がする。それでこれに接すると、自分の心の汚れが何となく拭いとられて、そのときだけでも、さっぱりしてくる。

『全集』十九巻

27日 悲喜こもごも ①

これはほとんど一世紀も前の、英国の文豪、アディスンであったと思うが、昔読んだことがある。人生は橋を渡るようなもので、次から次へと、いい加減のところで、それぞれに落ちて行く。いくらかの年ごろになって身辺を見まわすと、一緒に来たものので、今まで同行をつづけて来たのが、寥《りょう》々たりだというのである。

いかにもその通りで、自分の年ごろ、九十を越えてからの身のあたりを顧《かえり》みると、残っているのはわずか。ことに近来、友人知己《ちき》の間に頻《ひん》々《ぴん》として訃報《ふほう》を伝えて来ると、何となく寂しく感ずる。

『全集』二十巻

28日 悲喜こもごも ②

この感じは、自分もまた間もなく、亡友の後を追うのだなというのでは、必ずしもない。ただ何やら物淋しく独り残されたというのである。そんなら早く彼らを追いかけたらというかも知れぬが、そうでもない。ただ淋しいと感ずる。生死は生きものに、ついてまわるのだから、何もそう急がなくとも、自然にまかせてよいのである。

それだといって、超然として、昔の聖者のごとく、すましこんでいるにも及ばぬ。自然の感じにまかせて、悲しんだり、喜んだりしているのもまた人間である。

『全集』二十巻

29日 積んではくずし、くずしては積む

いくら考えても、きょう考えたことは、いまから百年後に変わるかもしれない。変わるべきもんだとわしは思う。そこでだな、変わるべきもんだからいま考えんでいいということじゃない。やっぱり考える。変わってからどうなるかということは、そこへ行ってみてからでないとわからん。石を積んで、積んではくずし、くずして積むということを時間の上で行う、こう考えればいい。

『坐談集』二巻

30日 実現できないから追求する

実現せられんから追求せんのではない。実現せられんから追求すると、こういうほうがよかろう。

『坐談集』二巻

12月

軽井沢にて　1963年

1日 人生は詩

とにかく、人生は詩です。毎日生きていくのは詩で、そうして毎日生きていくのが宗教であるとすれば、わざわざお寺や教会へ行って、ナムアミダブとか、アーメンとか言わないでも、ここに、やっぱり宗教があるのではないか。

『全集』二十巻

2日 信の一字

宗教は信の一字でつきて居て、しかもそうだとうなずくことの如何《いか》に困難なことよ。

『全集』九巻

3日 人生は永遠の祈り

宗教的生活の中心は祈りに在る。祈りのない処に宗教はないのである。叩けば開くも、求むれば必ず応ずるも、皆祈りから出る。人生は永遠の祈りである。『全集』九巻

4日 人間と祈り

祈りを人間から離せば、人間は草木となり禽獣《きんじゅう》となるより外ない。しかし草木も禽獣もその実は人間と倶に祈りの生活を続けて居るのである。

人間が自《みずか》らの生活が祈りであることに気付くとき、天地をあげて祈りの中にとけこむのである。『全集』九巻

5日 振り返らずに進む

禅は行動することを欲する。最も有効な行動は、ひと度決心した以上、振り返らずに進むことである。

『禅と日本文化』

6日 真理を洞徹《どうてつ》する

実際に喉が乾いている時、終始、水のことを語って、何の役に立とう。火に就《つ》いて如何《いか》に多く議論をしても、決して温かくはならぬ。仏教も儒教も「心」の何たるかを明らかにするが、「心」が日常生活に輝くようにされなければ、その真理をほんとうに洞徹《どうてつ》しているとはいわれない。

『禅と日本文化』

7日　一大煩悩《ぼんのう》

仏教のほうでいえば仏さまに煩悩《ぼんのう》があるかないかということをいいますね。それは大いにあるということ。仏さまの煩悩というのは一大煩悩で、みんなを救いたいというんだから。

『坐談集』五巻

8日　釈迦《しゃか》の慈悲《じひ》

ただに神々《こうごう》しい光を放つ威厳のあるばかりで、この慈悲《じひ》というものがなかったならば、釈迦《しゃか》の教えというものは、如何《いか》に真理に叶うて、論理的であっても、ただそれだけでは無駄ごとである、その奥に何かなければならぬ。

『禅とは何か』

9日 無畏《むい》を施《ほどこ》す

特に観音の性格としているのは、無畏《むい》を施《ほどこ》すことです。無畏は読んで字の如くであります。が、これは普通の意識面における恐怖から脱離したという心理状態ではないのです。観音が施すといわれる無畏は霊性的境地に所属するもので、単なる道徳性のものではありません。武人が弾丸雨飛《だんがんうひ》の間で恐れないとか、絞首台《こうしゅ》上で平気で死んで行くとかいう程度のものではないのです。むしろ人生の一喜一憂に対して今一次元の高《こう》処《しょ》からこれを見下ろすというようなのが無畏です。

『仏教の大意』

10日 華《け》厳《ごん》の説教

『華厳経《けごん》』に盛られてある思想は、実に東洋――インド・シナ・日本にて発展し温存せられてあるものの最高頂です。般若《はんにゃ》的空《くう》思想がここまで発展したということは実に驚くべき歴史的事実です。もし日本に何か世界宗教思想の上に貢献すべきものを持っているとすれば、それは華厳の教説にほかならないのです。

『仏教の大意』

11日 華厳の世界①

それぞれの個人の存在は、その事実を意識すると否とにかかわらず、無限にひろがり一切を包む愛の関係網に、何らかのおかげをこうむっているということである。そしてその愛の関係網は、われわれのみならず、存在するものすべてを漏らさず摂取する。実にこの世は一大家族にして、われわれひとりひとりがそのメンバーなのである。

『禅』

12日 華厳の世界②

この一切の相依相関を説く哲学が正しく理解される時に、〝愛〟が目覚める。なぜならば、愛とは他を認めることであり、生活のあらゆる面において他に思いを致すことだからである。「すべての人に為《せ》られんと思うことは、人にもまたそのごとくせよ。」これが愛の要旨であり、これは、相依相関の認識からおのずと生まれてくることである。

『禅』

13日 忘恩《ぼうおん》の報い

自然の恩恵に与《あずか》りながら、その恩恵に対して何ら感謝の心のなくなった現代人が、忘恩《ぼうおん》の報いをいつか受けなくてはならぬであろう。「物」を貪用した人間が、今度は「物」が持って居る破壊力を、却《かえ》ってその身の上に加えられるようになるのであろう。

『全集』十九巻

14日 力と力

「物」とその力との支配する処では、人の心のうるおい、やわらぎ、なごやかさなどいうものは、全然見られなくなる。力と力と相対抗するところでは、勝つか負けるかである。

『全集』十九巻

15日 人間の憂い①

人間である限りは憂いは附《つ》き物《もの》である。ただ、字を知れば憂の範囲が広くなるだけである。始めは自分だけのことしか気にかからなかったものが、次第に字を知ると、即《すなわ》ち智慧が出て知識が殖《ふ》えたり思考力が強くなったりすると、自分と環境との関係が如何《いか》に広く如何に大なるかに気がつくようになる。

そうすると、憂いなるものは次第に深刻にまた広汎になって行く。ただ一国・一社会ということでなしに、人類全体・生物全体・世界全体というところまで憂いは拡《ひろ》がって行くのである。

『全集』二十二巻

16日 人間の憂い②

憂いを懐《いだ》くことが出来るというところに人間の尊貴《そんき》性があり、そうしてそのところに人間生存の意味を読むべきであると、自分は信ずる。

『全集』二十二巻

17日 もったいない ①

勿体《もったい》ないとは何の事か。この感情を解剖して見ると、わが身を小さなもの、卑《いや》しきもの、限られたもの、罪なもの、不足がちなもの、無価値なもの、何ものに対しても当然これをわがものといい能《あた》わぬほど仕方のないもの、などいうような思想が見つかる。この思想が働いているときには、何事があっても腹が立たぬ、不足をいわぬ。しかして積極的には、身分不相応の取り扱いでも受けたように、どうも勿体ないということになる。

『全集』十九巻

18日 もったいない ②

自分は下らぬものと相場がきまれば、謙虚になる、心がうつろになる、からになる。虚豁々《きょかつかつ》などと禅僧はいう。即《すなわ》ち心の貧しきものである。天国はこの人のために出来たのだと基督《キリスト》教は説いてくれる。またこれを小児の如《ごと》き心ともいう。踏んで嗔《いか》らざる大地のようなものだ。

『全集』十九巻

19日 力に応じて最大限を尽くす①

凡夫《ぼんぷ》は凡夫ながらに、大慈大悲《だいじだいひ》の無限性をもち得ぬまでも、その力に相応した最大限度の利益行を実践すべきであろう。

『全集』十巻

20日 力に応じて最大限を尽くす②

凡夫《ぼんぷ》は凡夫だけの事を実行すればよい。それが「思うが如《ごと》く衆生《しゅじょう》を利益」しなくともよい、自分のものを尽くすだけで十分だ、その客観的効果はその折々で限定せられて、それで少しも差し支えないのである。

或《あ》る立場からすれば、凡夫の限りに於《お》いて行ずる衆生利益行が、そのままに仏の大慈《だいじ》大悲《だいひ》の旨に通うものが、十分に備わって居るのである。

『全集』十巻

21日 芸術の仕事

芸術家は創造という仕事に従事している。彼等の使命は神の仕事に参加することにある。このことが、ほんの少しでもわかるならば、芸術作品は、神の魂に触れ、人間の品位を高め、人間の人格の質的変化を助成するものとなる。

『全集』二十一巻

22日 生きることの芸術家

我々は自然の恵みによって、人間たる以上誰でも芸術家たることを許されている。芸術家といっても、画家とか彫刻家、音楽家、詩人という特殊な芸術家を言うのではない。〝生きるということの芸術家《アーティスト・オブ・ライフ》〟なのである。

〝生きることの芸術家〟などと言えば、どうも何か変にきこえるかもしれないが、実際のところ我々は皆、〝生きることの芸術家〟として生まれてきているわけである。

『禅と精神分析』

23日　苦しみは啓示《けいじ》

　オスカー・ワイルドは、いつもポーズをつくり、効果をねらっていたように思われる。かれは偉大な芸術家かもしれないが、かれには、何かしら顔を背けさせるものがある。しかし、かれもまた『獄中記』の中で、このように叫んでいる。

「この二、三か月の間に、わたしは、おそろしい困難と苦闘のすえ、苦しみの底に隠されている教訓がいくらかわかるようになった。牧師や、智慧なくして言葉を操る人々は、時に、苦しみを不可思議として語る。それは、本当は、啓示《けいじ》である。人はそれまでまったく気づかなかった事柄に気づく。歴史の全体が、異なった見地から見えてくる。」

　ここにあなた方は、かれの獄中での生活がいかにその性格を浄化したかを見るであろう。もしかれが、もっと若い時期に、このような試練を受けねばならなかったとしたら、かれは今日遺されているものよりも、ずっと偉大な作品を生むことができたかもしれない。


『禅』

24日 百錬千鍛《ひゃくれんせんたん》

熱火の中に入れられて、ふいごで吹き立てられ、それからアンヴィルの上で、鉄鎚《てっつい》でもって、矢鱈《やたら》に叩かれる。金属そのものの眼から見れば、熱くて、痛くて、辛いが、こんな風にして百錬千鍛《ひゃくれんせんたん》せられた結果は太《たい》阿《あ》の名剣が出来る。

『全集』十六巻

※アンヴィル……金床。
太阿の名剣……金鉄玉石であっても斬ることのできる剣。

25日 無駄骨の価値

何の苦もなき水鳥の足の動きにも、実は思いにあまる苦労の蓄積があるのである。「無駄骨」なしには人間何事も出来ぬ。

『大拙の風景 ―鈴木大拙とは誰か―』

26日　なんでもない仕事

なんでもない仕事、それが最も大切なのです。何か人の目を驚かす、というようなものでなくてよいのです。

『全集』二十巻

27日　手足の活動

生の自覚は思惟だけでは十分でない、瞑想だけでも間に合わぬ、どうしても手足の活動がなくてはならぬ。

『全集』十七巻

28日 日本人の務め

明治三十年頃から十有余年間を、海外——主として米国——で放浪生活をしたことも、もとを正せば、何か西洋文化に親しく接してみたいという心持ちが動いていたものであろう。今日のところでは、自分は世界人としての日本人のつもりでいる、そうして日本に——東洋に——、世界の精神的文化に貢献すべきものの十分に在ることを信じている。これを世界に広く伝えなくてはならぬ、伝えるのが日本人の務めだという覚悟で生きている。

残生《ざんせい》も僅《わず》かだと思うが、出来るだけはやる。海外の放浪もその時には何の役に立つのかと思ったこともあった。が、今になって見ると、またとない経験であった。

『全集』二十一巻

29日 生命

生命は、時という画布《がふ》の上に、みずからを描く。そして時は、けっしてくりかえさない。ひとたび過ぎゆけば、永遠に過ぎ去る。行為もまた同様である。ひとたび行えば、行われる以前にはけっして戻らない。
生命は「墨絵」である。ためらうことなく、知性を働かせることなく、ただ一度かぎりで描かねばならぬ。（中略）「墨絵」に筆を二度加えると、その結果はみな汚点となり、生命は消え失せてしまう。

『禅』

30日 生は絶対無限

生は永遠性のもの、絶対性のもので、普通に、生まれたというときだけ生まれたのでなくて、われわれは念々刻々に生まれつづけているのです。そいつが大事です。
単に母の胎内から出たときに生まれたというんじゃなくて、棺《ひつぎ》をおおうて事定まるというときにも、死んだのではなくして、われわれは念々に生まれている。すなわち生は絶対無限なものです。

『全集』二十巻

31日 人間の一生

人間の一生は不断の努力であり、永劫《えいごう》に聞かれぬ祈りであり、無限に到り得ない完全性の追求であるといえるのです。

『全集』八巻

あとがき

致知出版社から『鈴木大拙一日一言』を出版することになったと、横田南嶺管長から伺ったのは、昨年の秋のことであった。時まさに大拙居士生誕百五十周年を迎えようとしていたところ、大拙居士の語録が新編されることは誠に喜ばしいことであった。大変光栄なことに、私はこの記念すべき本の編者として、語の選定作業を担当させていただくことになった。

とはいえ、当初私は一抹の不安を抱いていた。果たして暦を一巡りさせるだけの金言名句を探し出すことができるだろうか、と。印象的な言葉に多少の心当たりはあったものの、三百六十六日分を集めるとなると、作業の先行きを楽観視することは叶わなかった。

しかし、実際に『鈴木大拙全集』（岩波書店）を中心に大拙居士に関連する著作を改めて読み直してみると、実に数多くの箴言《しんげん》を見つけることができ、当初の不安は容易《たやす》く払拭された。むしろ、本書の枠内に収めるべく、候補に挙げた多くの言葉を削り落とすという苦渋《くじゅう》の選択をしなくてはならない程であった。

これまで鈴木大拙の著作を自分なりに読んできたつもりであったが、それは専ら学問的な関心によるものであったため、多くの素晴らしい言葉を目にしながらも自分がそれを見落としてきたことに改めて気づかされた。大拙居士からみずからの人生を学ぶという態度で著作にぶつかれば、最初からその教えはそこにあったのである。他ならぬ私自身が本書の編集を通じて多くのことを学ばせていただいた。

また、本書を構成する言葉の中には致知出版社の藤尾秀昭社長が御みずから選ばれた語も少なくない。私が見落としていた鈴木大拙の一面を、それらの言葉によって補うことができ、より多面的で深みのある本に仕上げることができた。

「鈴木大拙の人間学」、本書を一貫するテーマをこう表現してよいと思う。鈴木大拙という人物は二十世紀最大の禅学者である。禅の文献研究、思想研究において一時代を築いた大立て者である。大拙居士の著作は日本国内におけるのと同様、もしくはそれ以上に海外の人々に読み継がれてきた。その結果、彼の名は禅の紹介者、伝道者として、今なお広く世界に轟《とどろ》いている。「大拙」の名は常に「禅」と共にあった。

しかし、大拙居士の学問は、世の多くの学問研究がそうであるのとは異なり、単に学問のための学問ではなかった。彼にとって禅を研究し、禅を思索し、禅を伝えるという営みは、現実を生きる「人間」を離れたものではなかった。生身の人間の悩みや憂い、苦しみを見つめながら、その只中でいかにして人が自由に、そして力強く生きていくのか、それを示そうとしていた。大拙居士の残された夥しい数の著作は、このことを伝えるために、「禅」を語り、「宗教」を論じているのだ。

本書まえがきにて、横田南嶺管長の語られている通り、大拙居士の著作は禅の奥深い真理を語るものであり、そのために非常に難解なものとなっている。しかし、注意深く読み進めていくと、そのような難解な文章の中に、我々世間を生きる人間にとって心から共鳴できる玄句や、より深き人格への成熟を促す警句が、そっと横たえられているのである。本書はそのような輝きを放つ名句を拾い集め、一書として編み上げたものである。ここから大拙居士の「人間学」を読み取っていただけるものと信じている。

なお、本書での言葉の引用に際しては、監修者および致知出版社編集部とも協議の上、極力鈴木大拙の原著を出典として示した。しかし、諸般の事情により、鈴木大拙の著作の中には現在では入手が困難なものも多数ある。その場合は『鈴木大拙全集』(岩波書店)の巻数を出典として示すにとどめた。心に留まる言葉に出会ったならば、是非原典の文章から鈴木大拙の魅力を直接味わっていただきたい。

大拙を学び、そして大拙から学ぶ、読者の方々にとって本書がそのような体験を得る機会となれば、それは編者としてこれ以上ない悦びである。

蓮沼　直應

令和二年八月

参考資料

〈鈴木大拙の著作〉

『鈴木大拙全集』増補新版 全四十巻（岩波書店 一九九九～二〇〇三年）
『鈴木大拙坐談集』全五巻（読売新聞社 一九七一～一九七二年）
『禅とは何か』（角川ソフィア文庫 一九五四年）
『禅と日本文化』（岩波新書 一九六四年）
『一禅者の思索』（講談社学術文庫 一九八七年）
『禅』（工藤澄子訳 ちくま文庫 一九八七年）
『新編 東洋的な見方』（岩波文庫 一九九七年）
『禅学入門』（講談社学術文庫 二〇〇四年）
『無心ということ』（角川ソフィア文庫 二〇〇七年）
『日本的霊性 完全版』（角川ソフィア文庫 二〇一〇年）
『禅の第一義』（平凡社ライブラリー 二〇一一年）
『禅堂生活』（岩波文庫 二〇一六年）
『浄土系思想論』（岩波文庫 二〇一六年）

『仏教の大意』（角川ソフィア文庫 二〇一七年）

〈その他の著作〉

秋月龍珉『人類の教師・鈴木大拙』（三一書房 二〇〇二年）
秋月龍珉『鈴木大拙の言葉と思想』（講談社現代新書 一九六七年）
岡村美穂子・上田閑照『思い出の小箱から ―鈴木大拙のこと―』（燈影社 一九九七年）
岡村美穂子・上田閑照『大拙の風景 ―鈴木大拙とは誰か―』（燈影社 一九九九年）
志村武『鈴木大拙随聞記』（日本放送出版協会 一九六七年）
鈴木大拙・エーリッヒ・フロム他『禅と精神分析』（東京創元社 一九六〇年）
西谷啓治編『回想 鈴木大拙』（春秋社 一九七五年）
西村惠信『鈴木大拙の原風景』（大法輪閣 一九九三年）
久松真一編『鈴木大拙 ―人と思想―』（岩波書店 一九七一年）

※原文は引用にあたって、原則として新字体・現代仮名遣いに改め、読みにくい漢字にはふり仮名を付けました。また、送り仮名は原則として現代表記としました。読みやすくするため、漢字をひら仮名にした箇所、改行を加えた箇所があります。なお、現代では差別的表現とされている語句が使用されている箇所がありますが、原作の独自性や文化性を考慮し、原文のまま収録しました。

〈監修者略歴〉
横田南嶺（よこた・なんれい）
昭和39年和歌山県生まれ。62年筑波大学卒業。在学中に出家得度し、卒業と同時に京都建仁寺僧堂で修行。平成３年円覚寺僧堂で修行。11年円覚寺僧堂師家。22年臨済宗円覚寺派管長に就任。29年12月花園大学総長に就任。著書に『自分を創る禅の教え』『禅が教える人生の大道』『人生を照らす禅の言葉』『禅の名僧に学ぶ生き方の知恵』『十牛図に学ぶ』、共著に『命ある限り歩き続ける』『生きる力になる禅語』（いずれも致知出版社）などがある。

〈編者略歴〉
蓮沼直應（はすぬま・ちょくよう）
昭和60年東京都生まれ。平成７年向嶽寺派管長宮本大峰老師に就き得度、南禅寺派興慶寺徒弟となる。20年筑波大学第一学群人文学類卒業。26年筑波大学大学院一貫制博士課程哲学・思想専攻修了。円覚寺派専門道場に掛搭。横田南嶺老師の下で修行。現在、伝宗庵徒弟。博士（文学）。著書に『鈴木大拙—その思想構造』（春秋社）。

鈴木大拙（すずき・だいせつ）
明治3（1870）年～昭和41（1966）年。仏教哲学者。本名貞太郎。鎌倉円覚寺の今北洪川、釈宗演に師事。明治30年アメリカに渡り、『大乗起信論』の英訳、『大乗仏教概論』の英文出版を行う。42年帰国後学習院教授、大谷大学教授。英文雑誌『イースタン-ブディスト』を創刊、アメリカの大学で教え、仏教や禅思想を広く世界に紹介した。昭和24年文化勲章。加賀（石川県）出身。著作に『禅と日本文化』『日本的霊性』など多数。

鈴木《すずき》大拙《だいせつ》一日一言《いちにちいちげん》

令和二年九月二十五日第一刷発行

監修者　横田　南嶺
編　者　蓮沼　直應
発行者　藤尾　秀昭
発行所　致知出版社
〒150-0001東京都渋谷区神宮前四の二十四の九
TEL（〇三）三七九六―二一一一
印刷　㈱ディグ　製本　難波製本

ISBN978-4-8009-1242-8 C0095

ホームページ　https://www.chichi.co.jp
Eメール　books@chichi.co.jp